Divertidos animales de granja
Para colorear

Young Scholar

Young Scholar
An imprint of Ciparum LLC

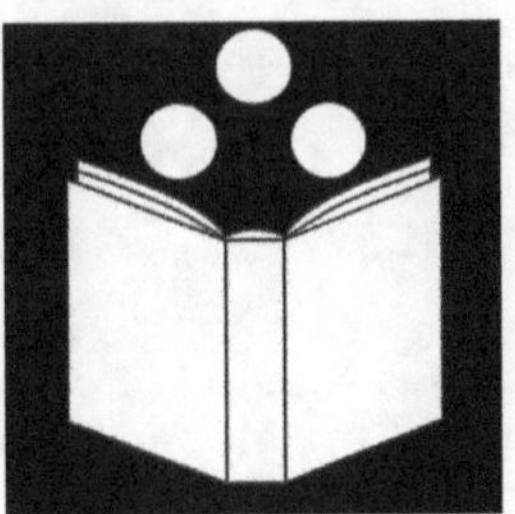

Divertidos animales de granja para colorear
© 2017 Ciparum LLC
All rights reserved.
ISBN-10:1-63589-267-8
ISBN-13:978-1-63589-267-3

www.youngscholar.co

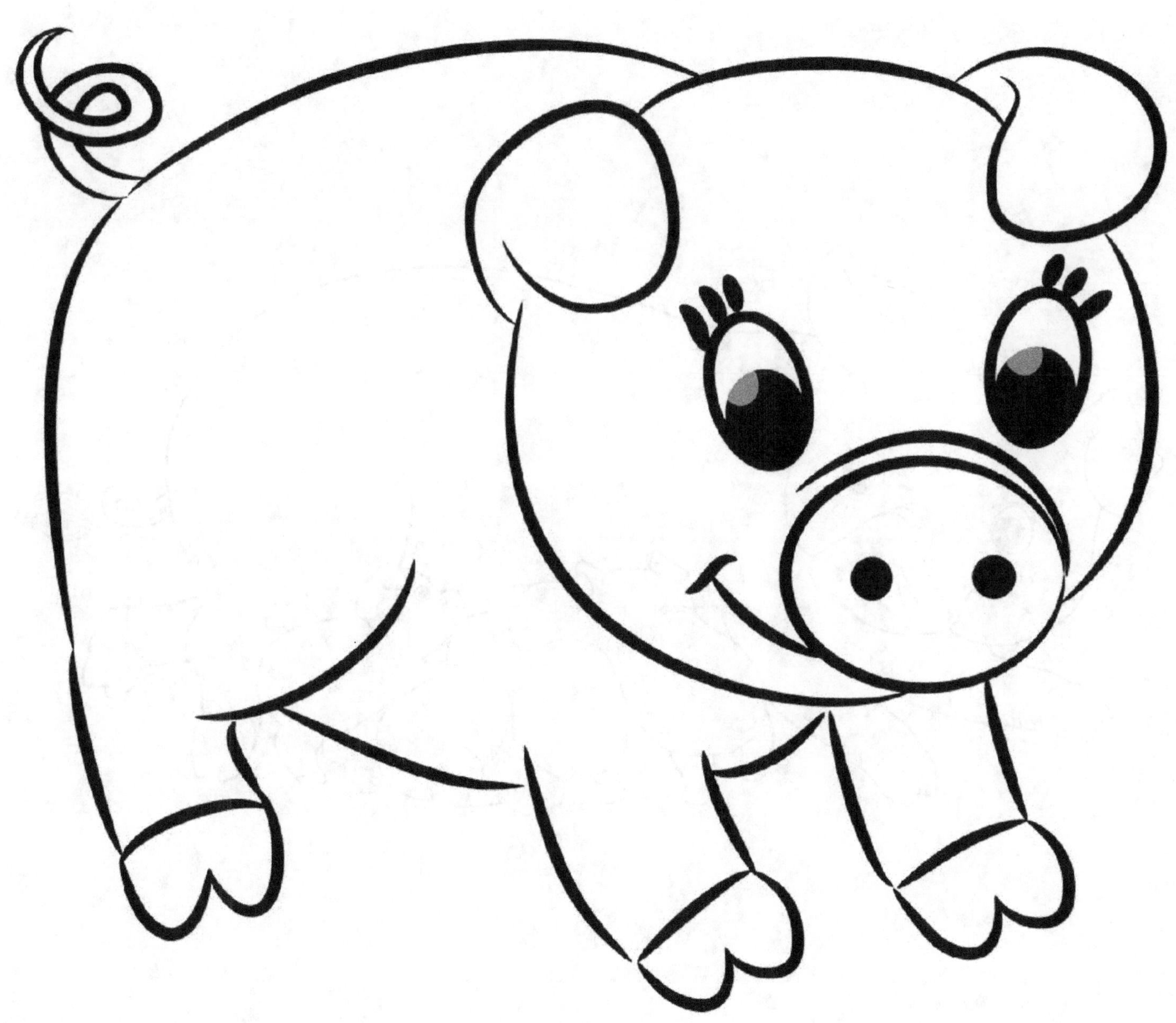

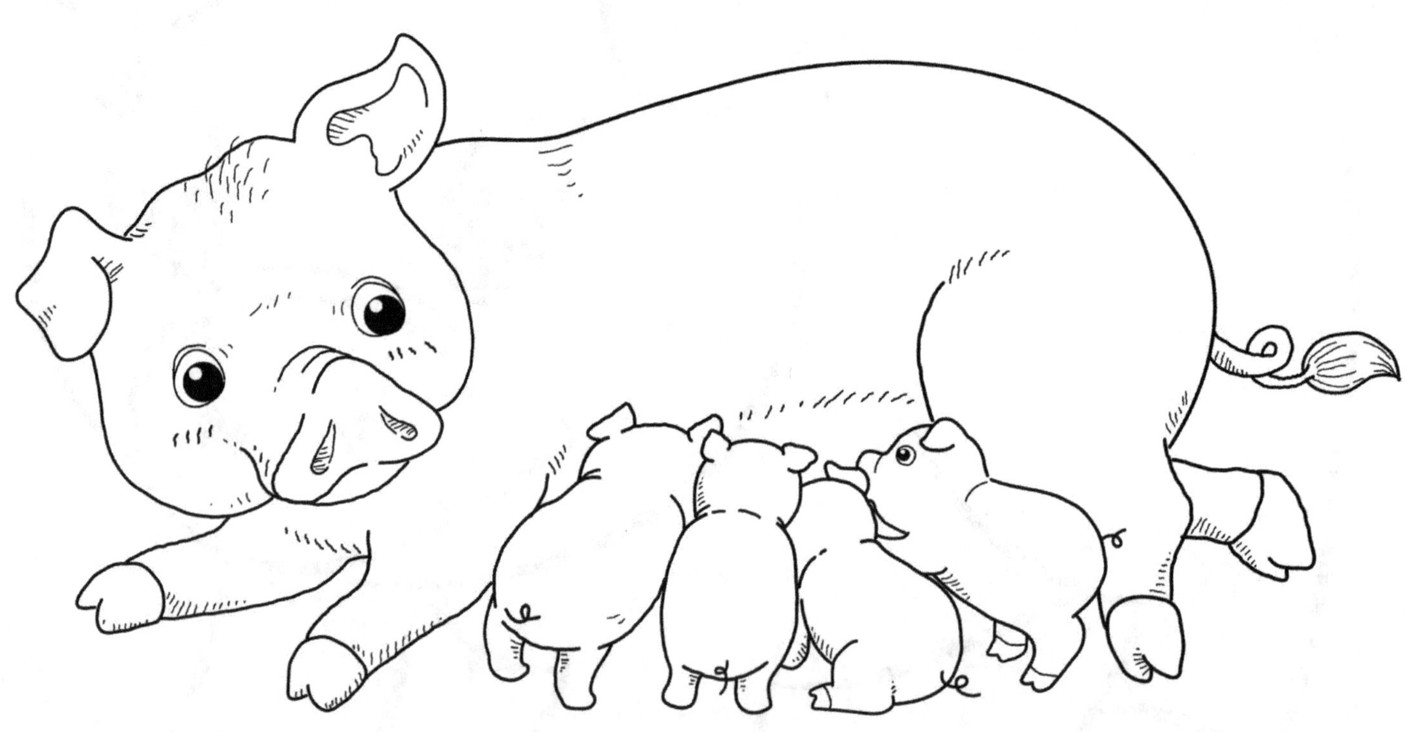

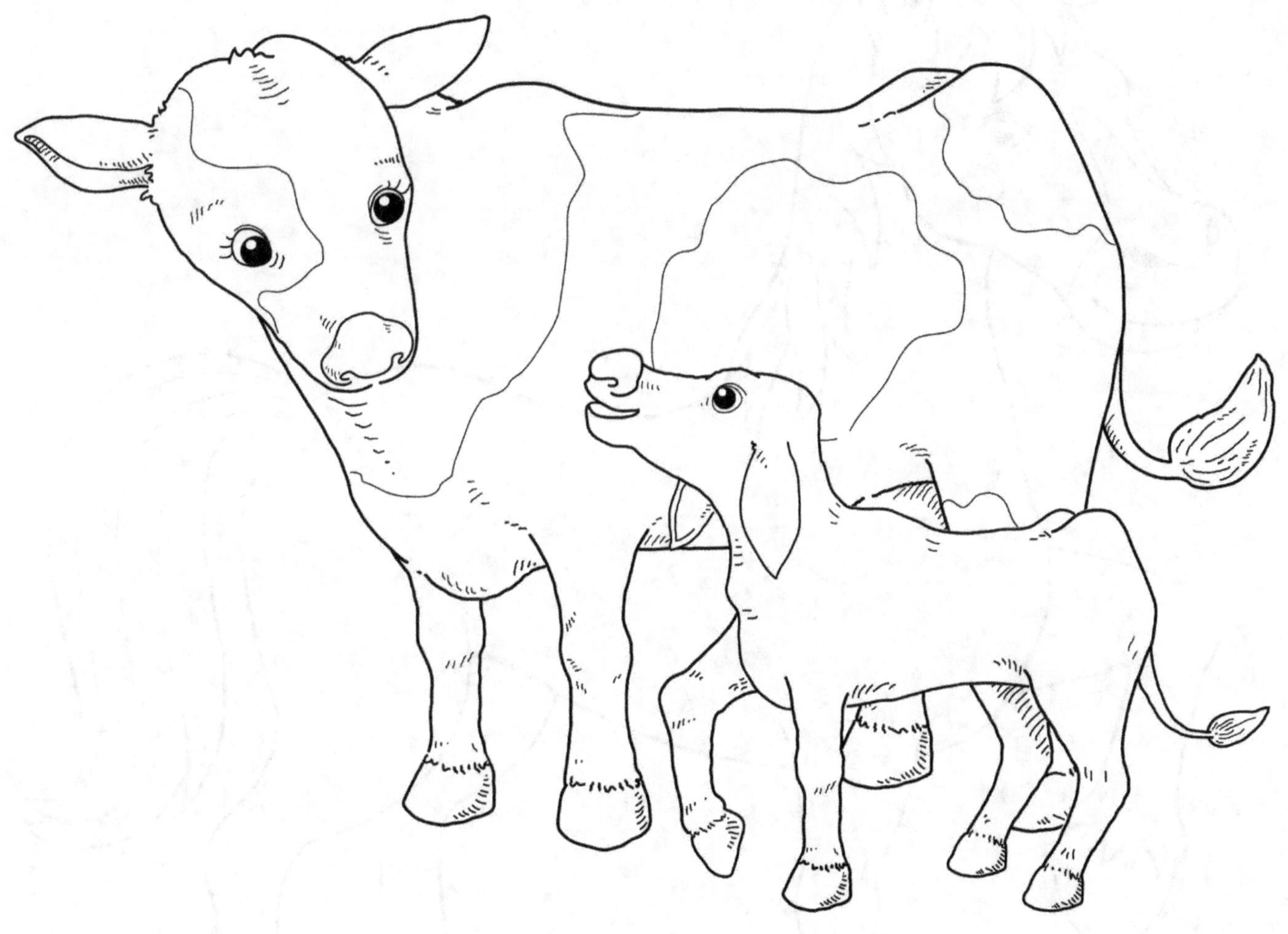

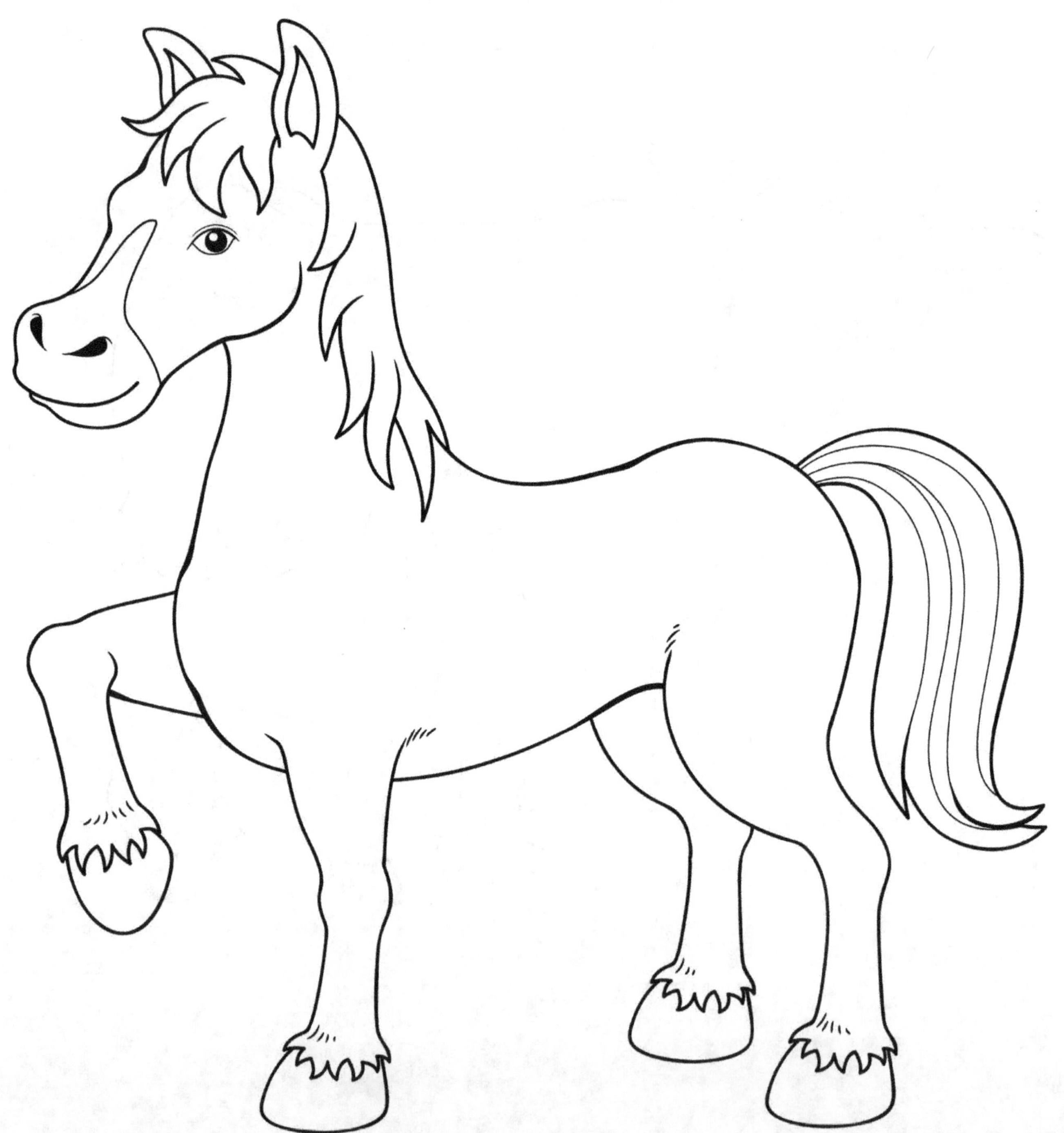

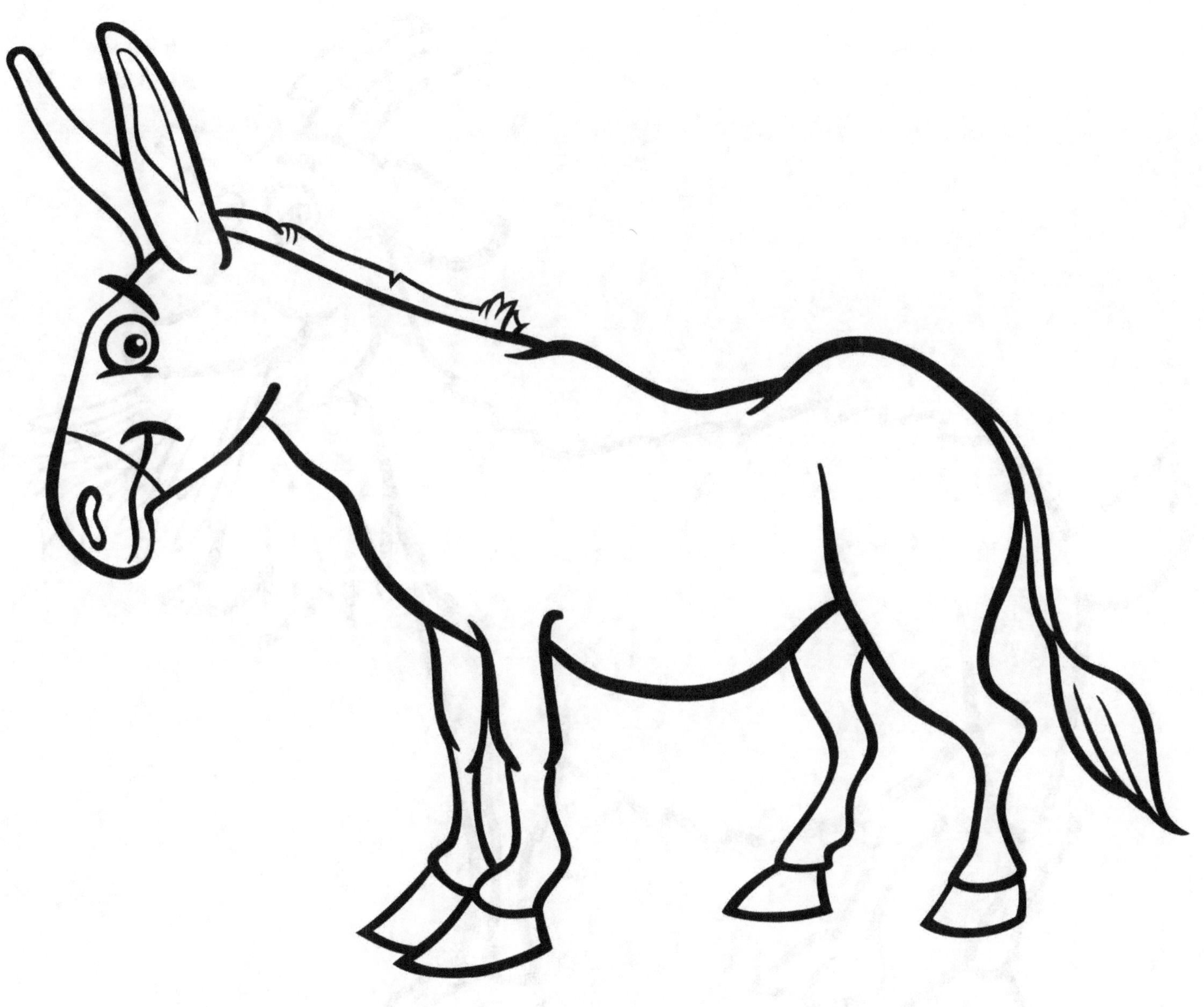

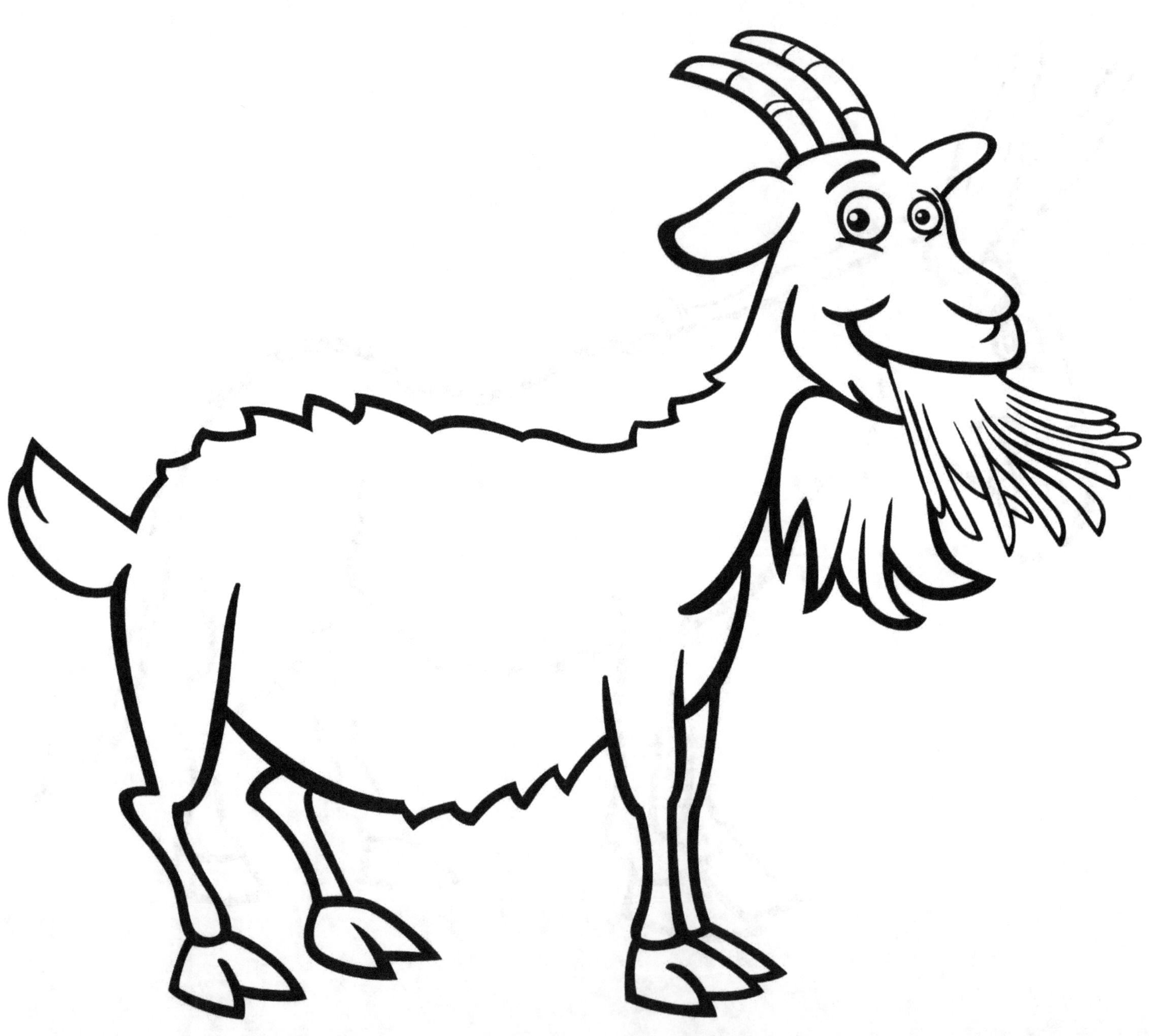

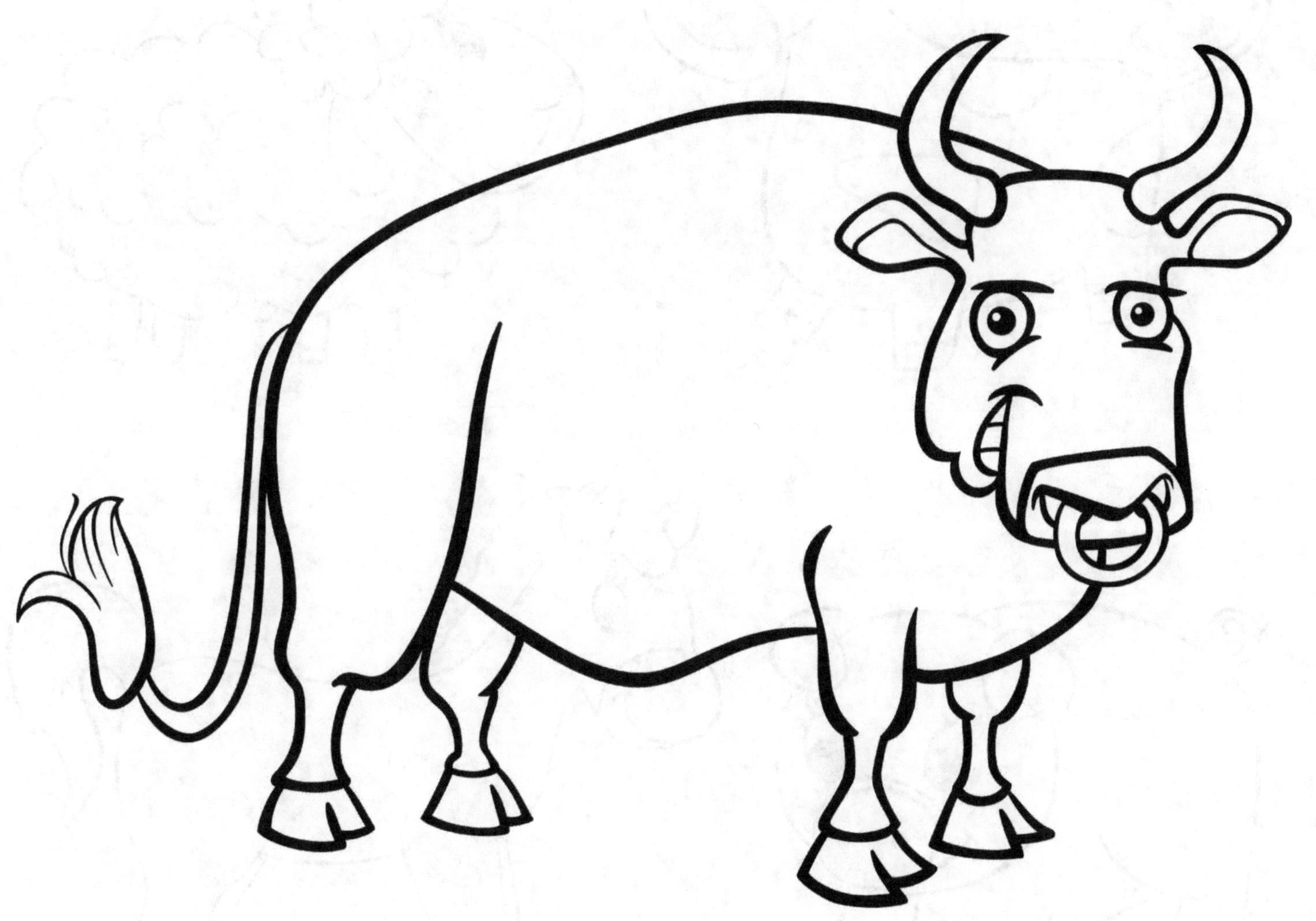

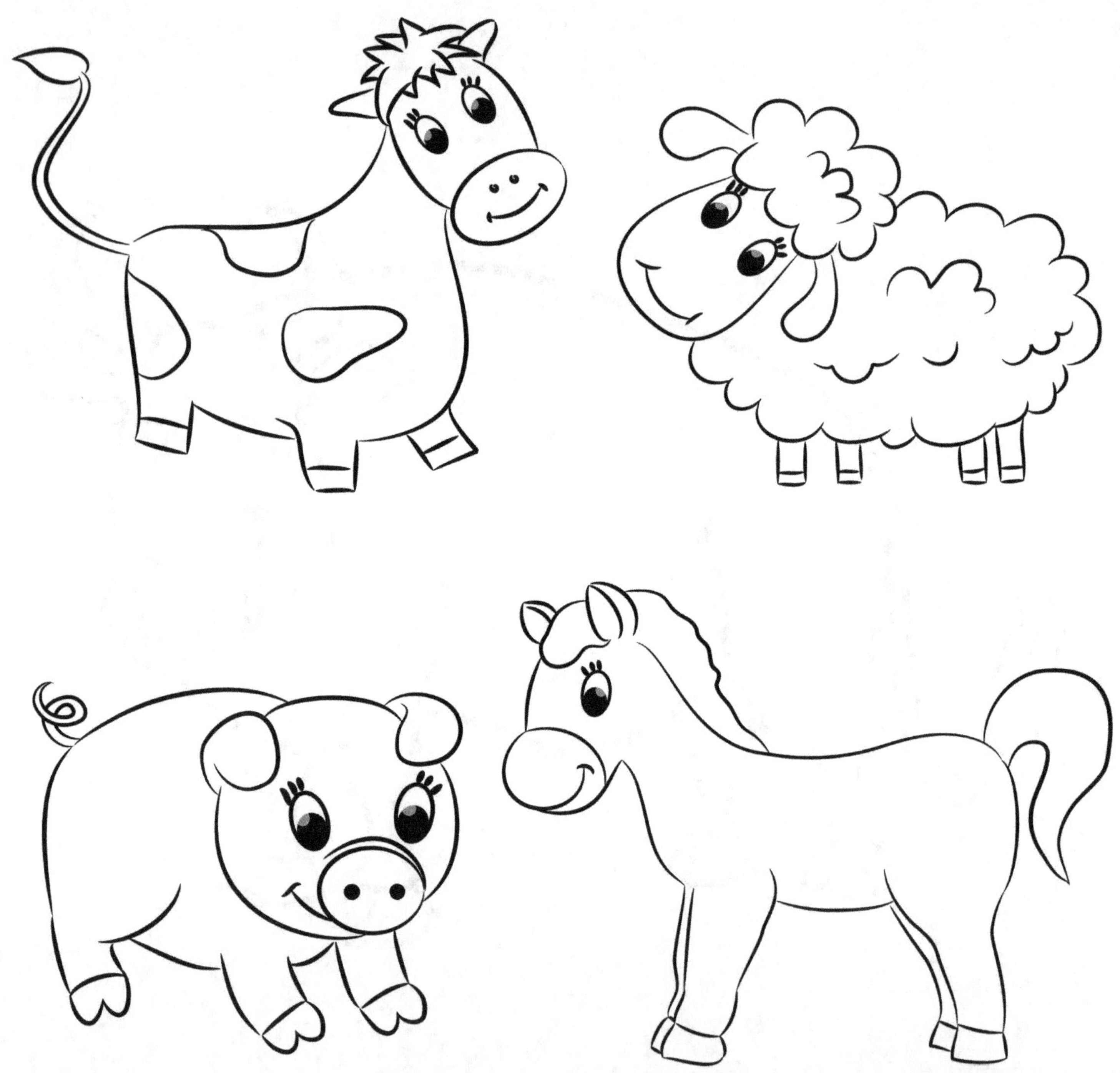

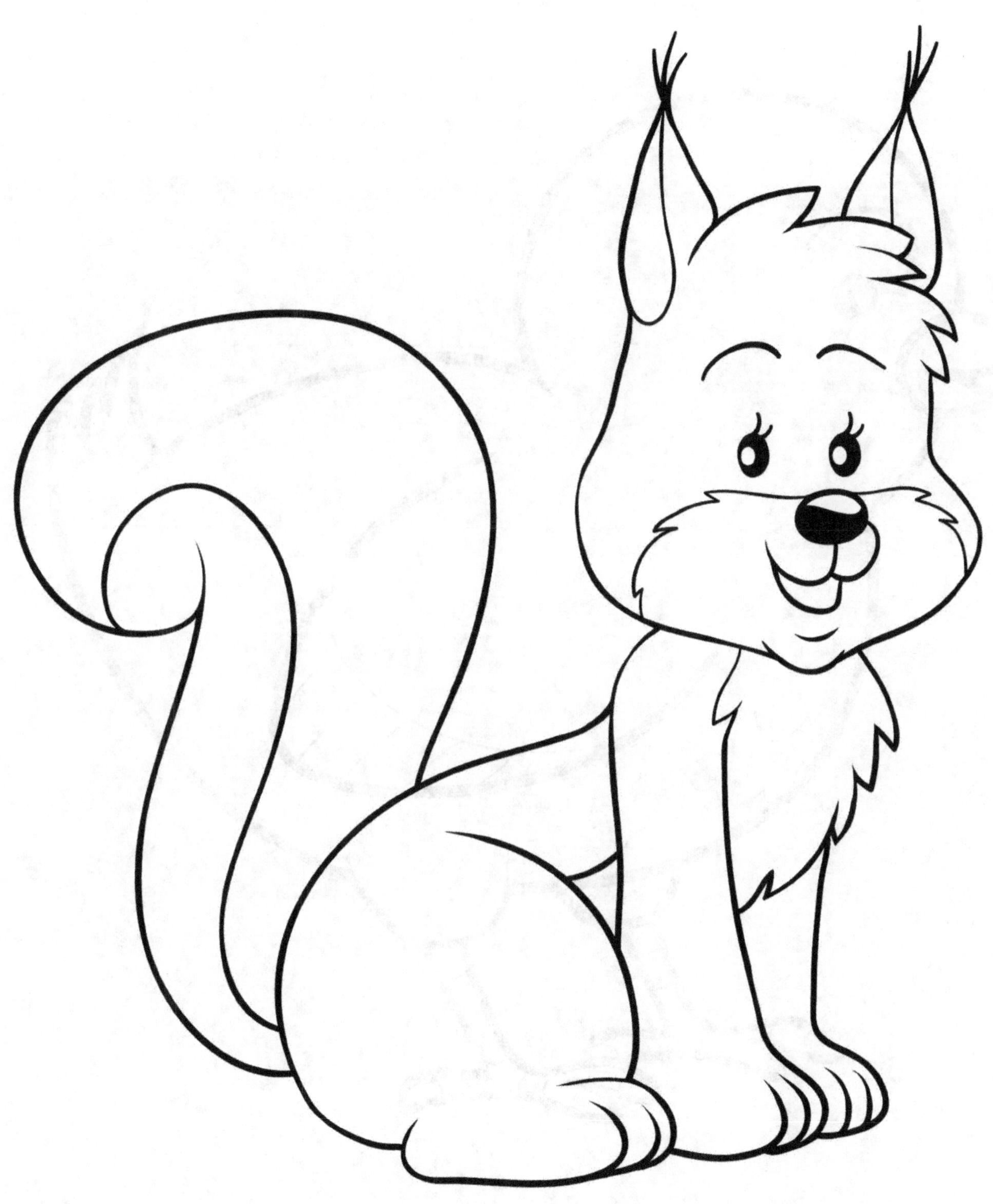

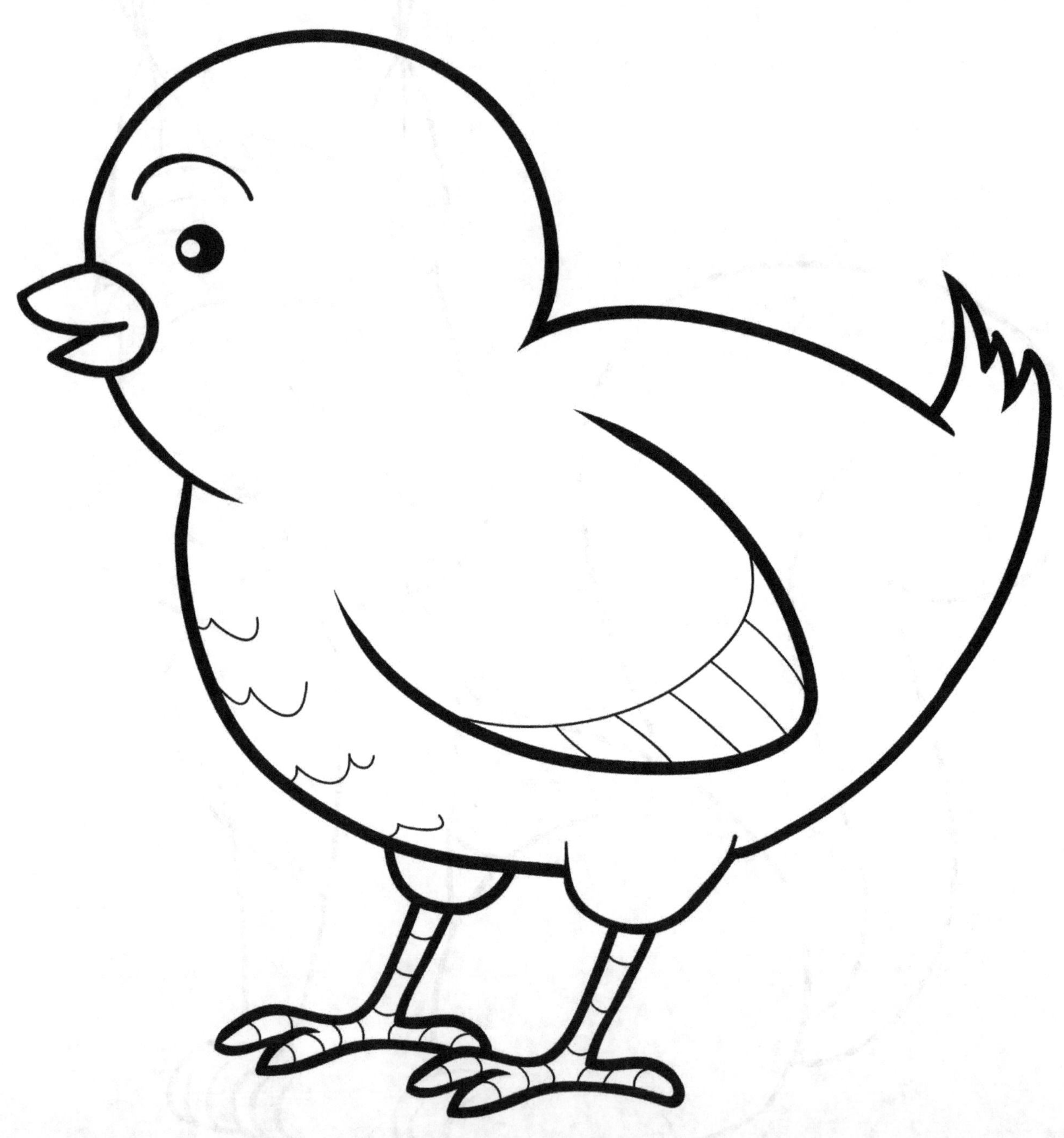

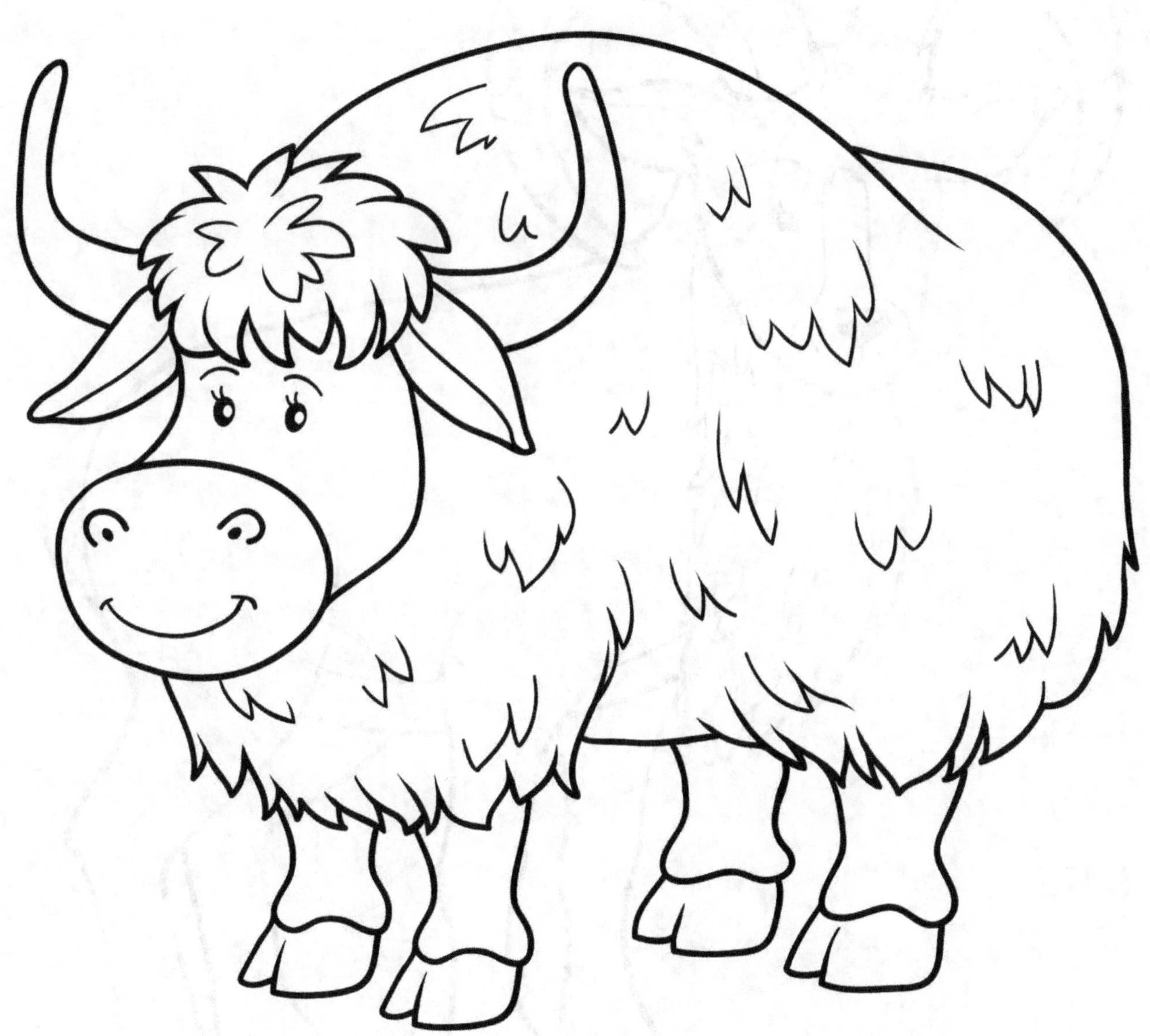

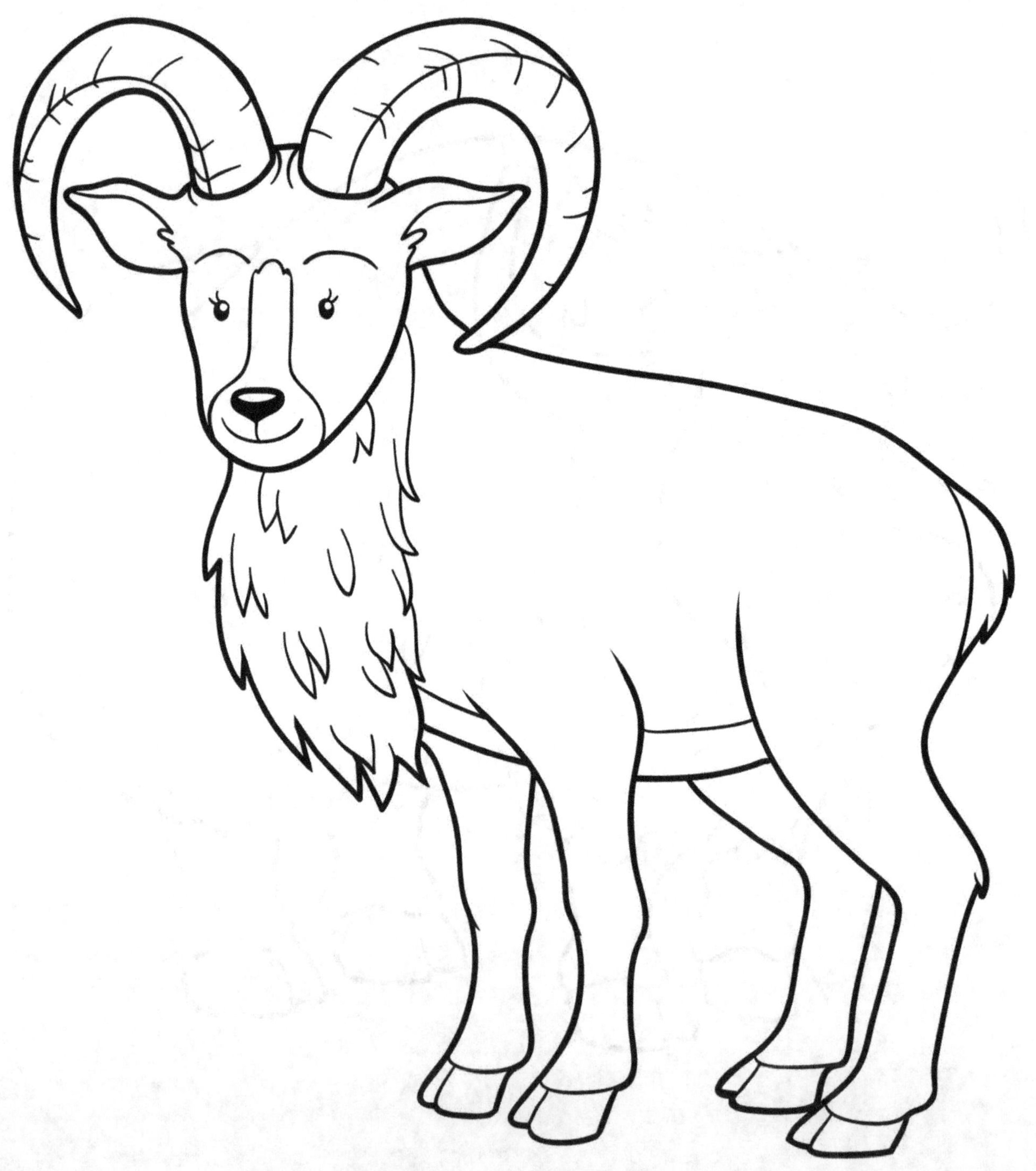

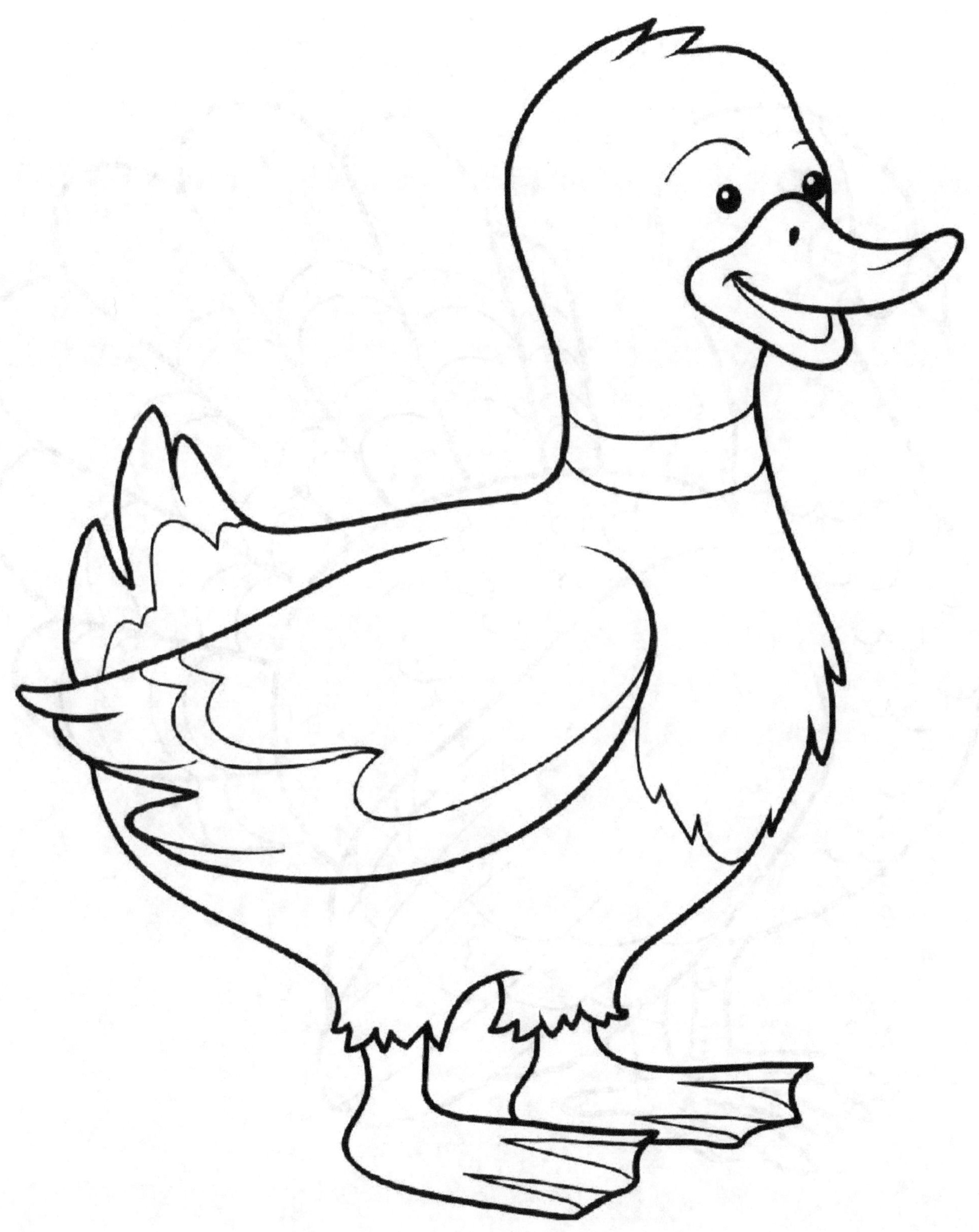

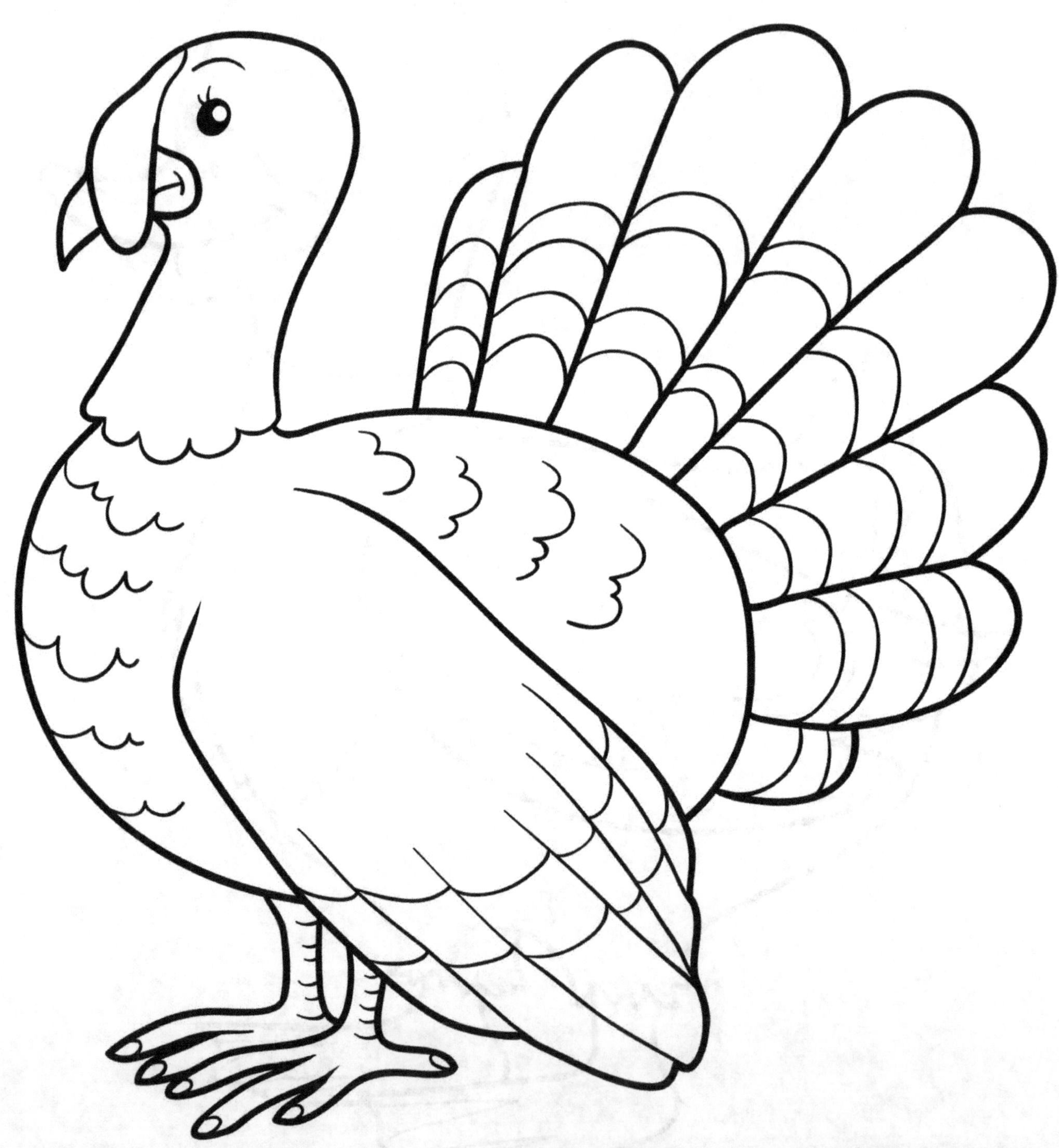

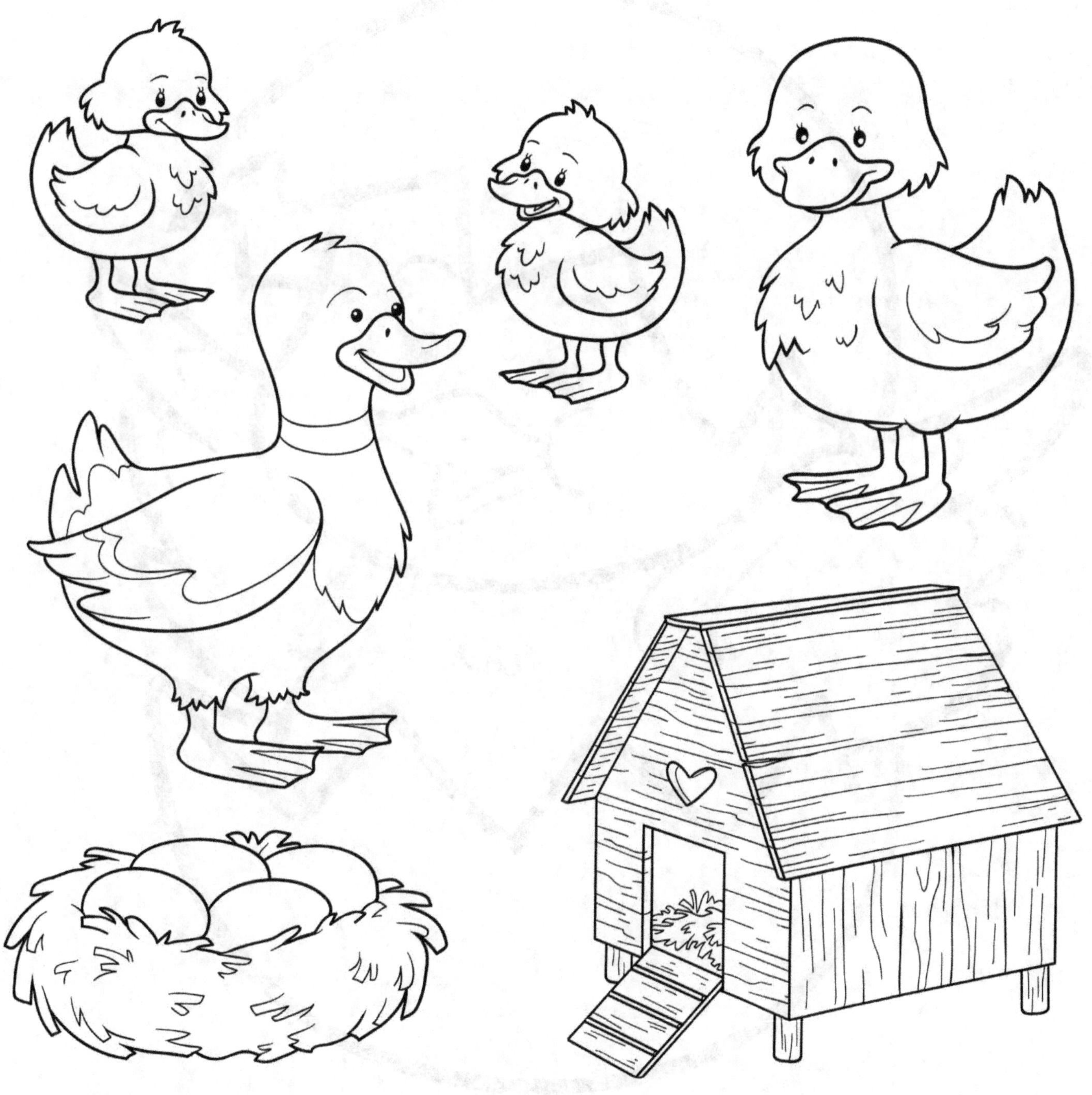

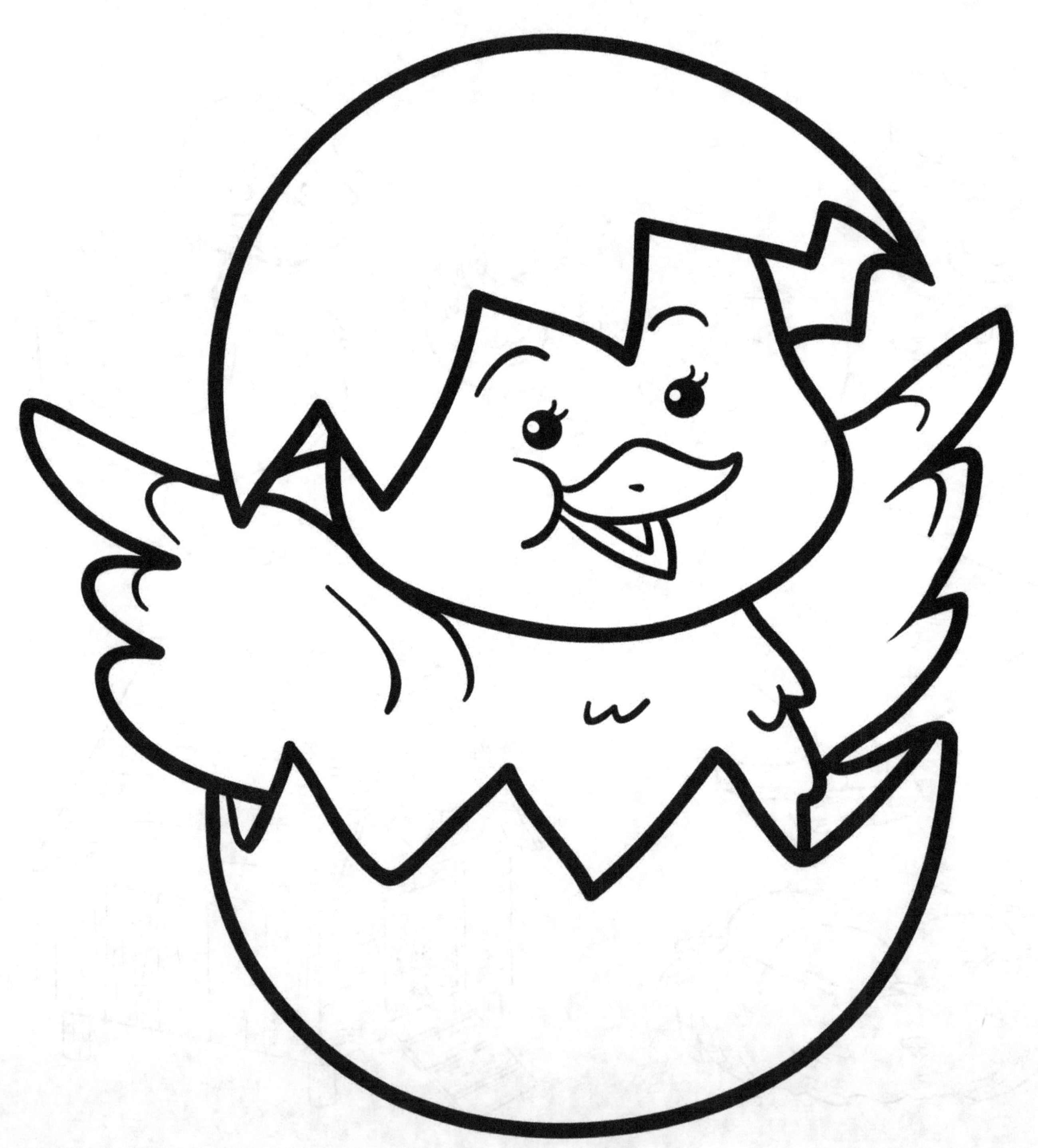

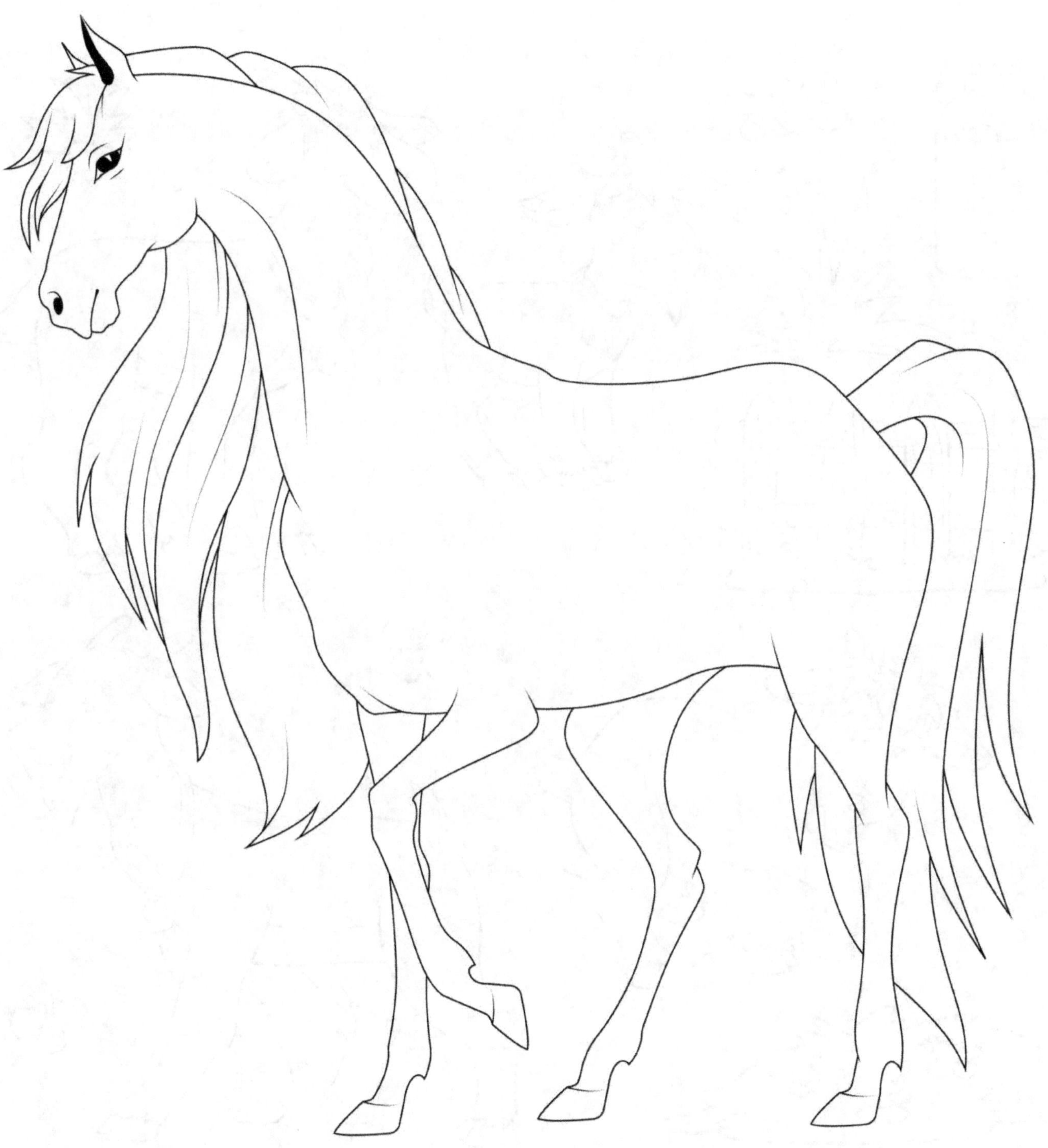

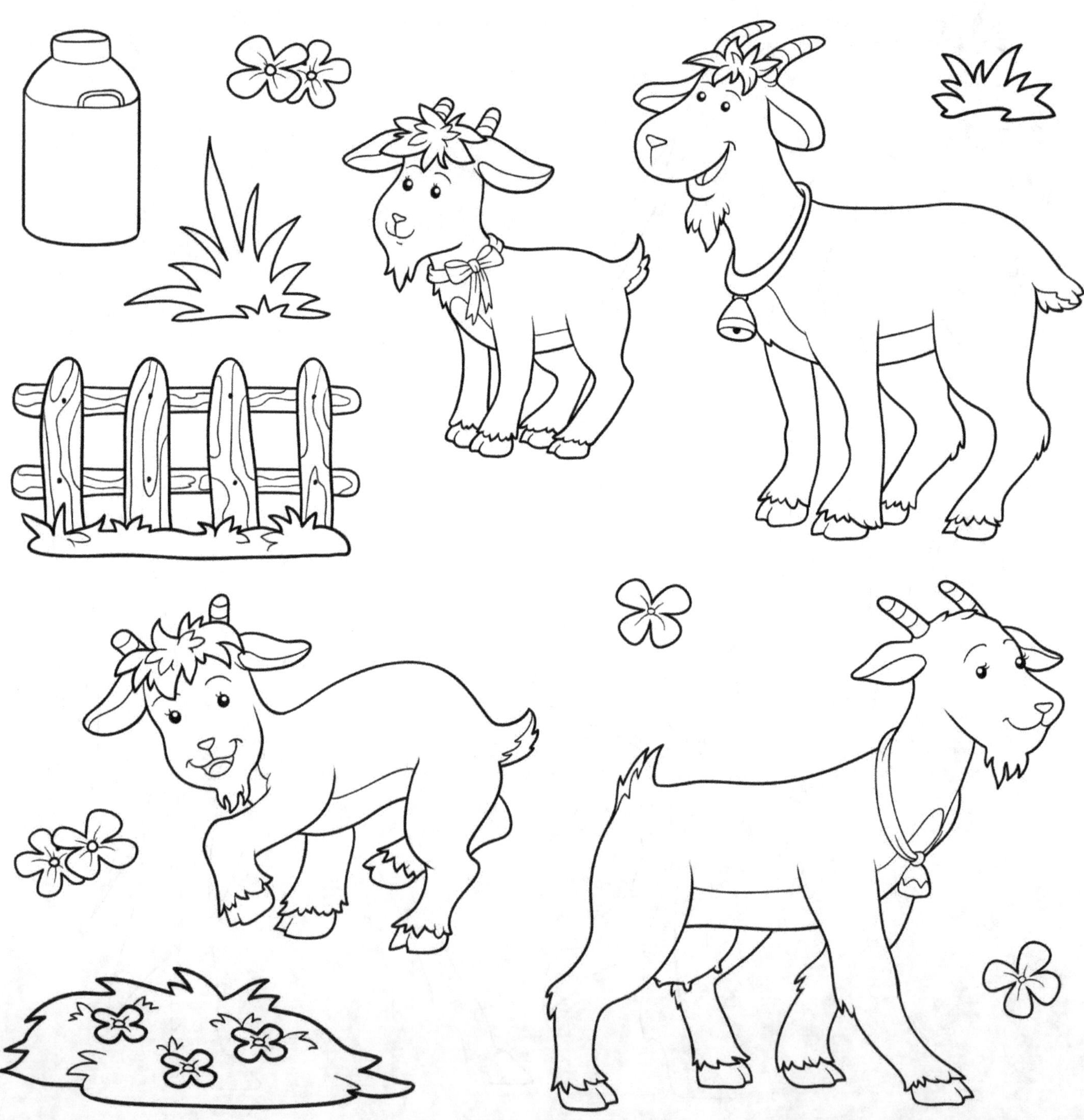

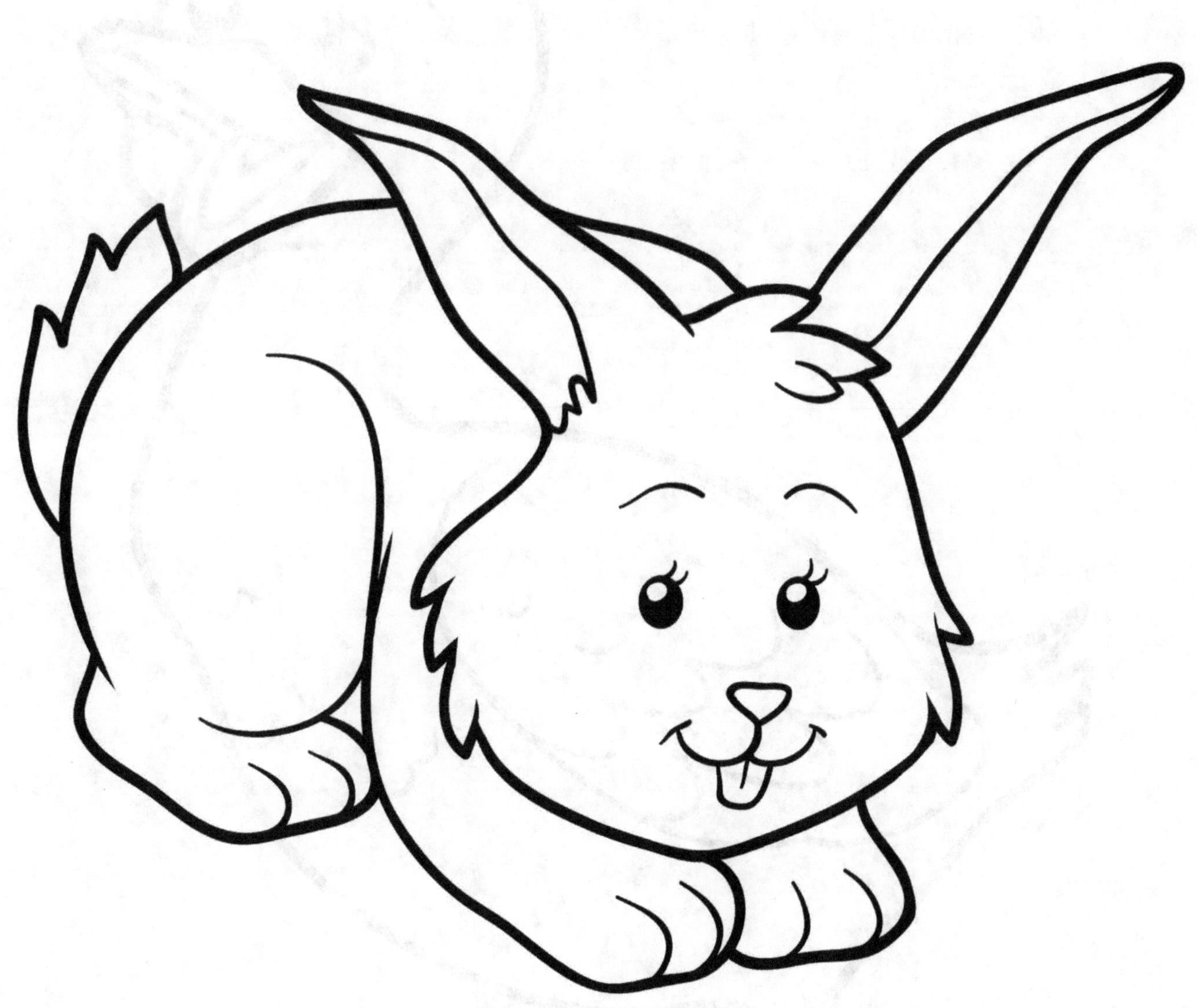

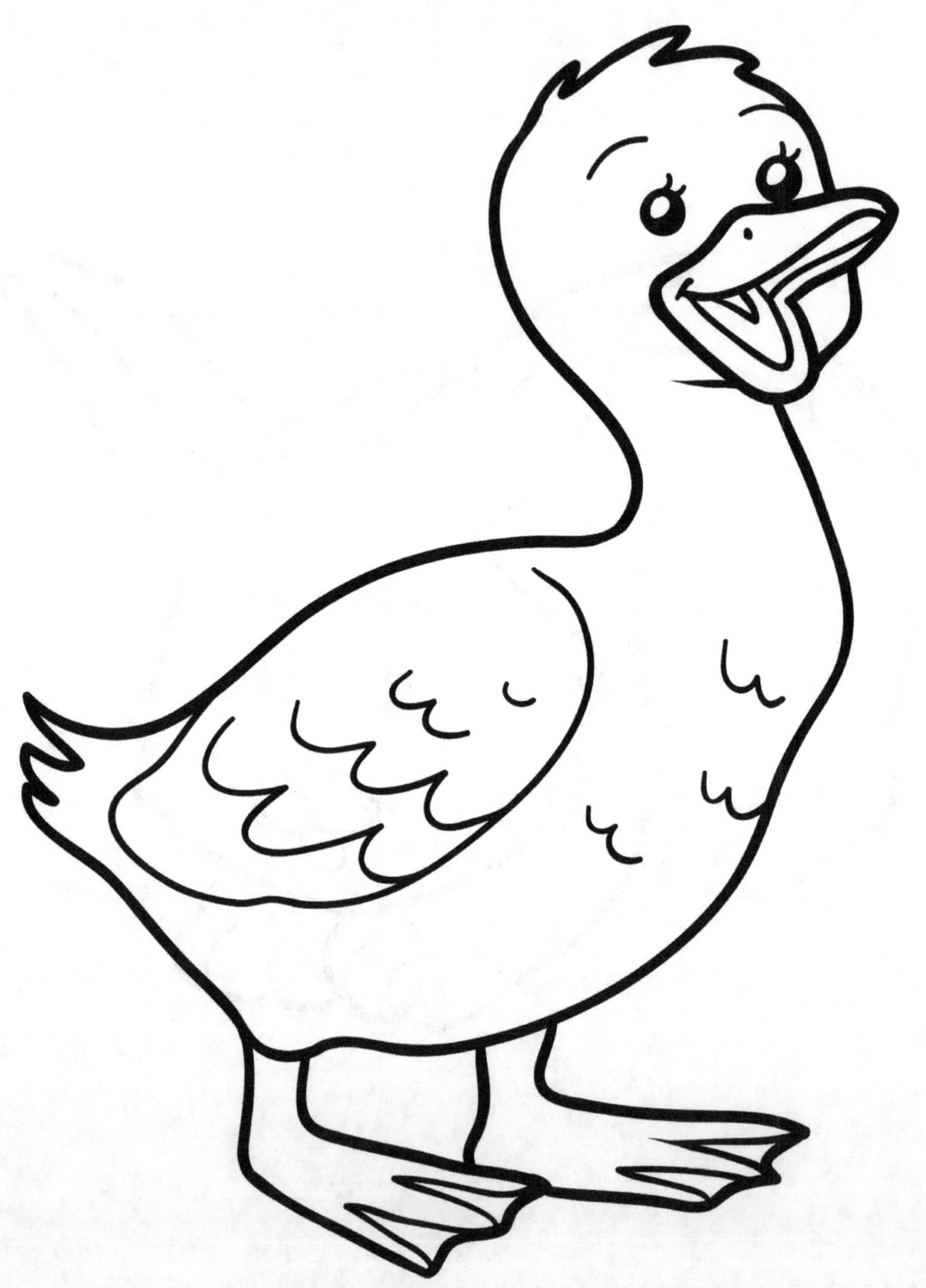

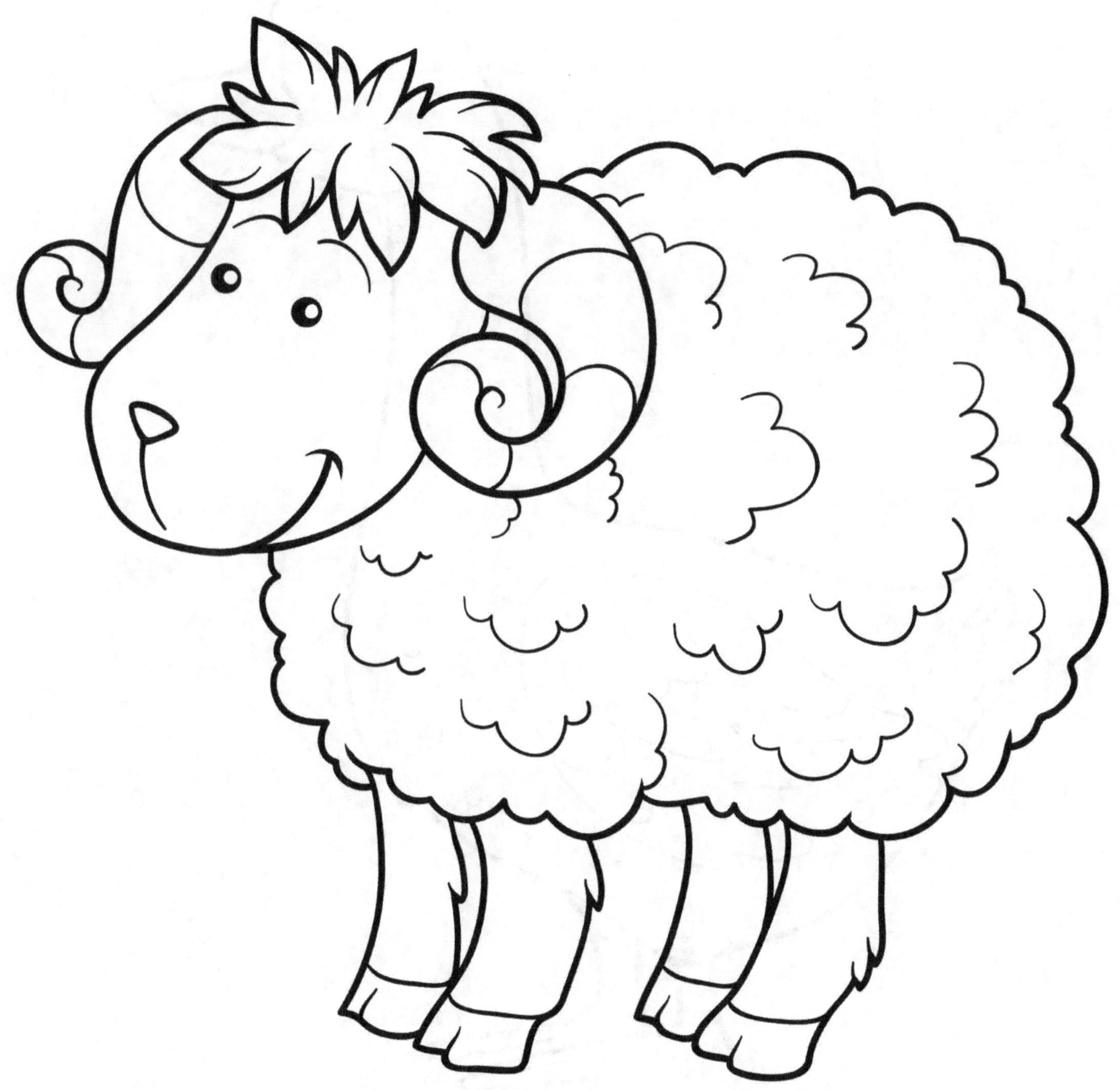

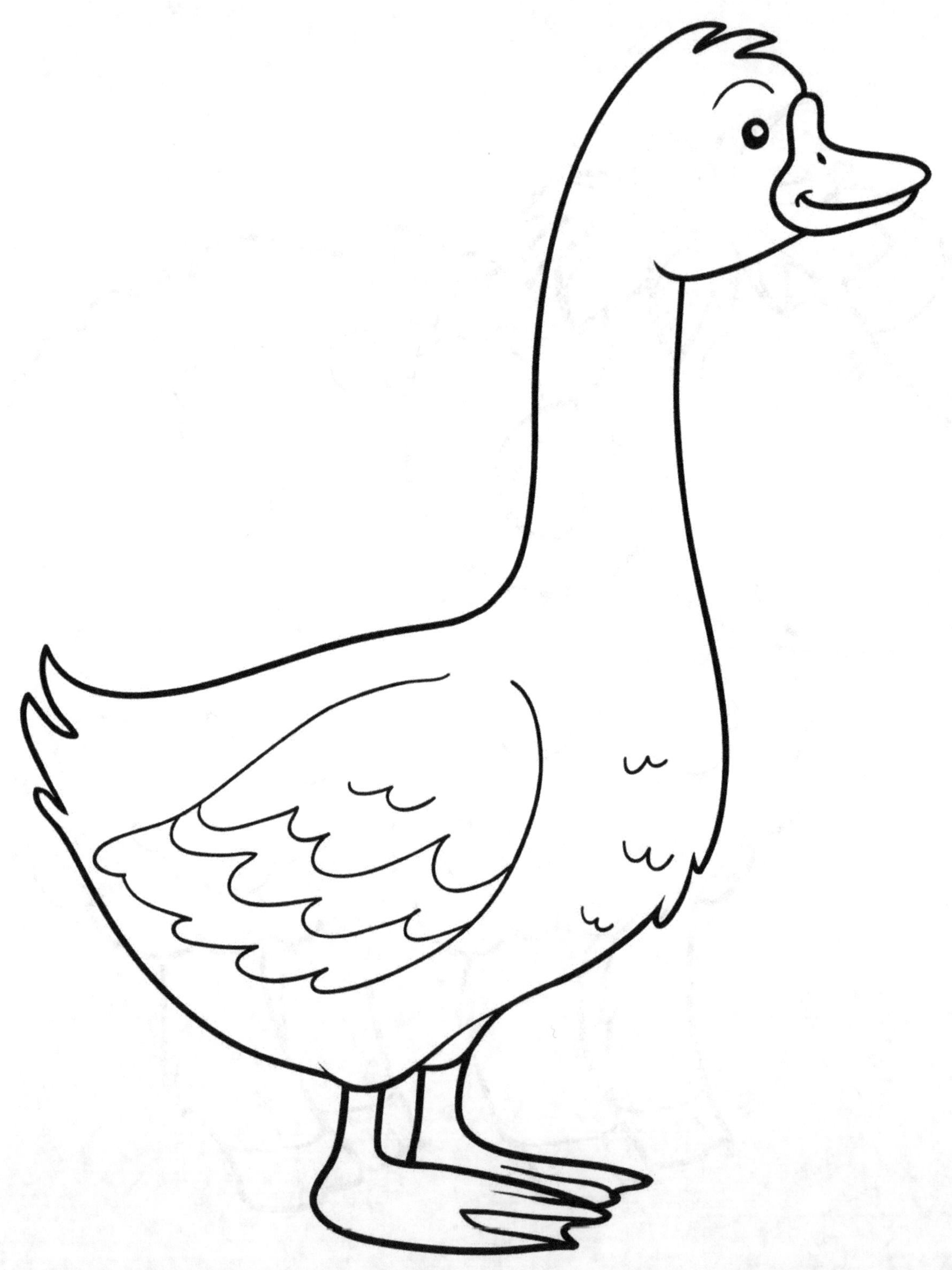

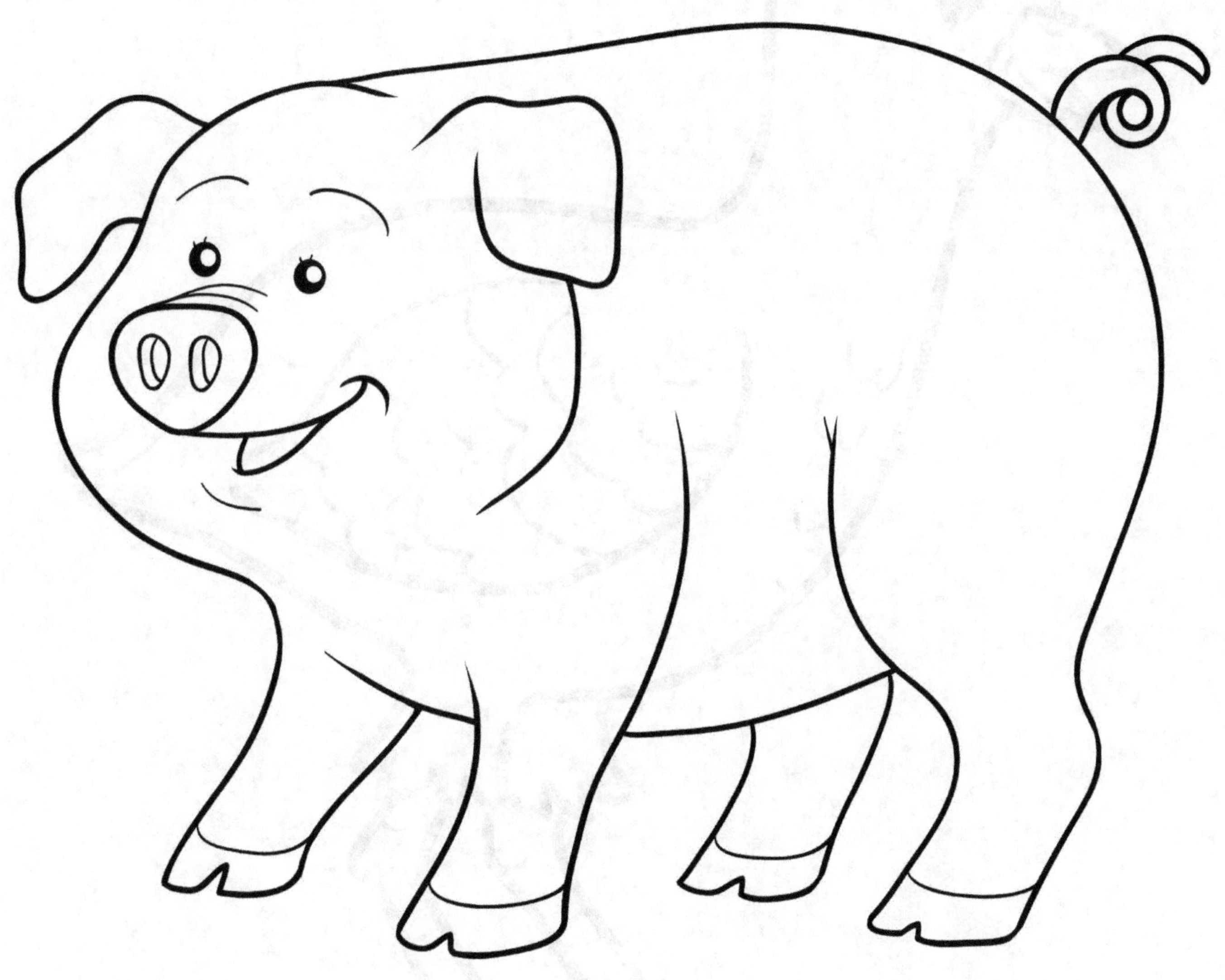

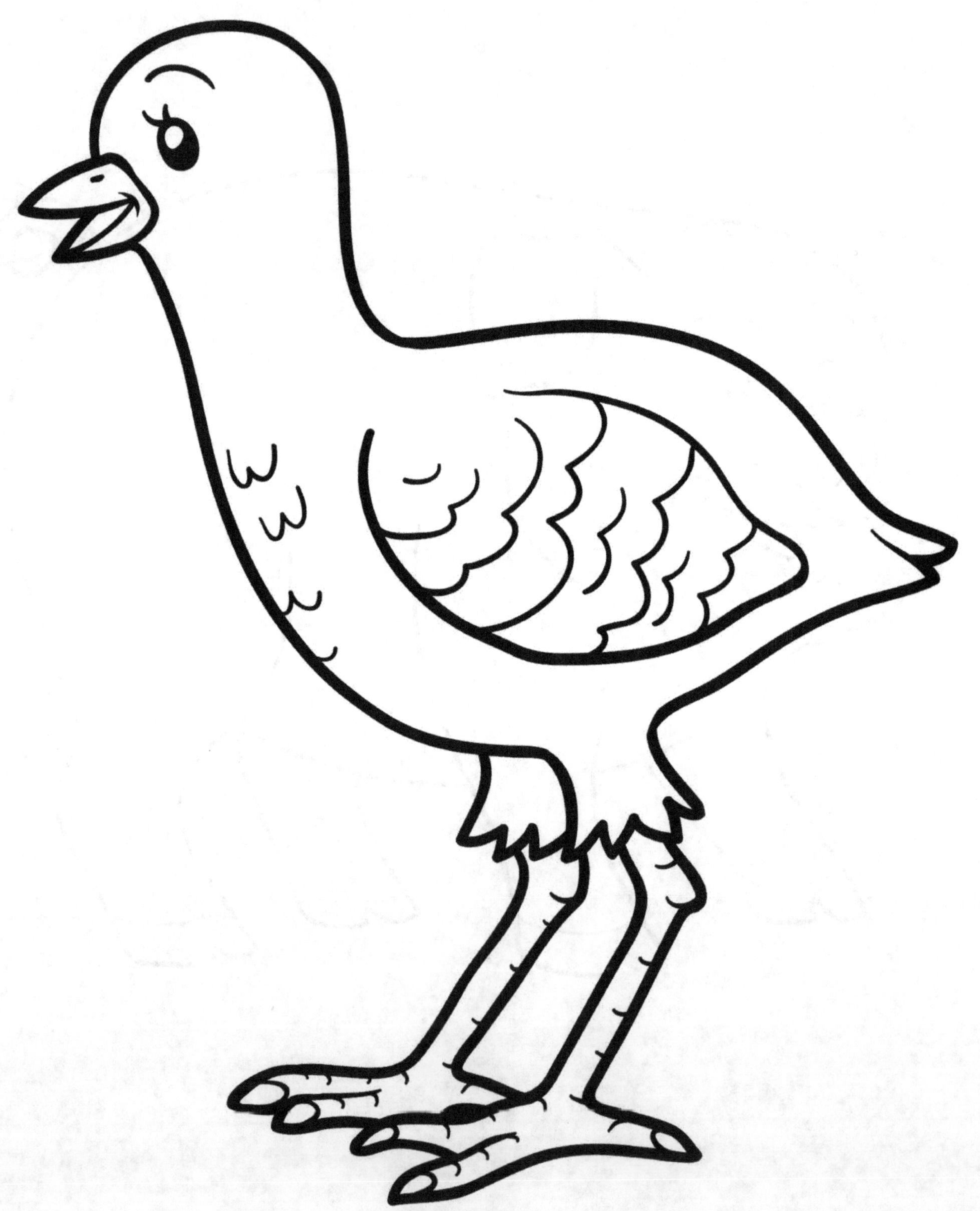

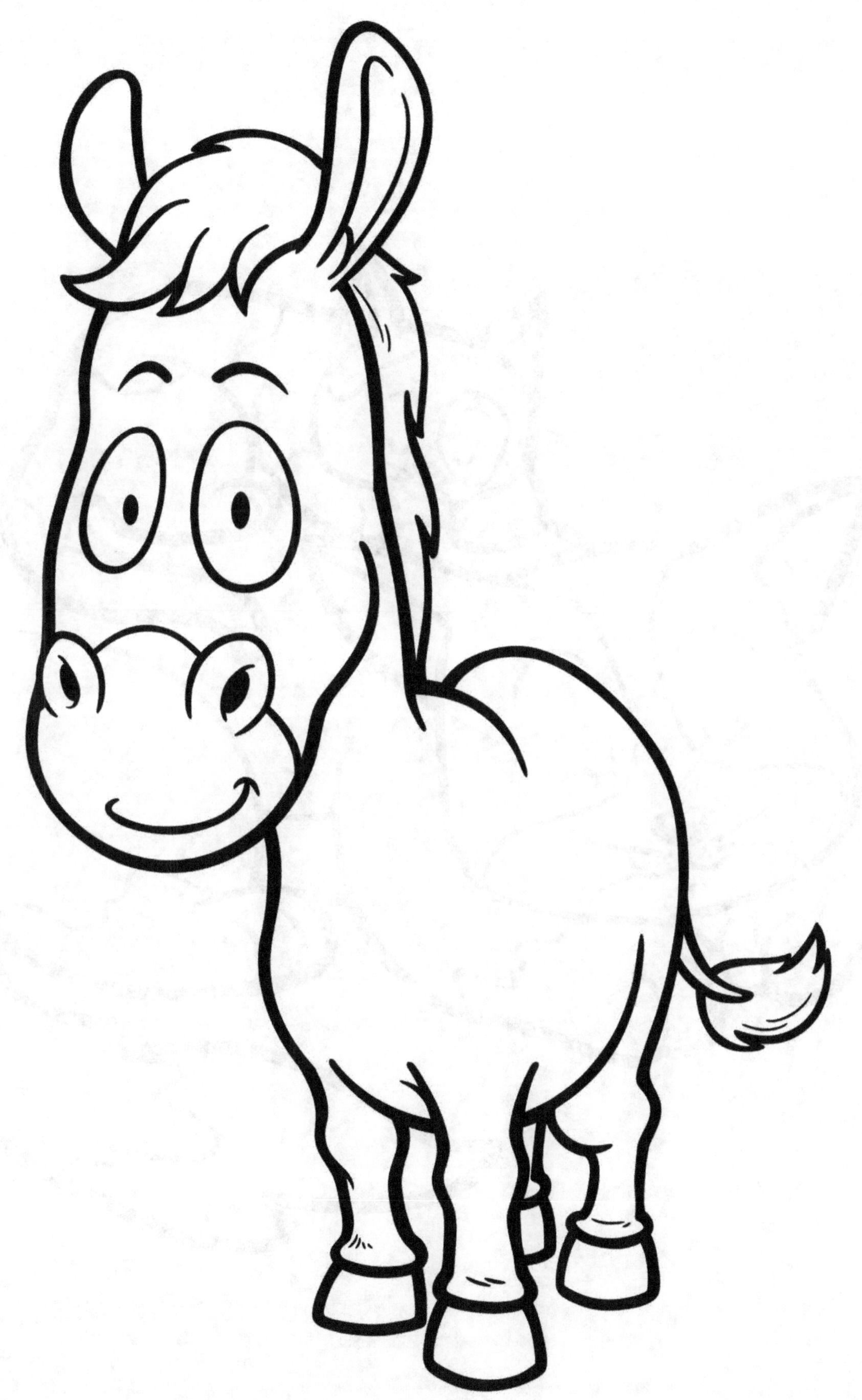

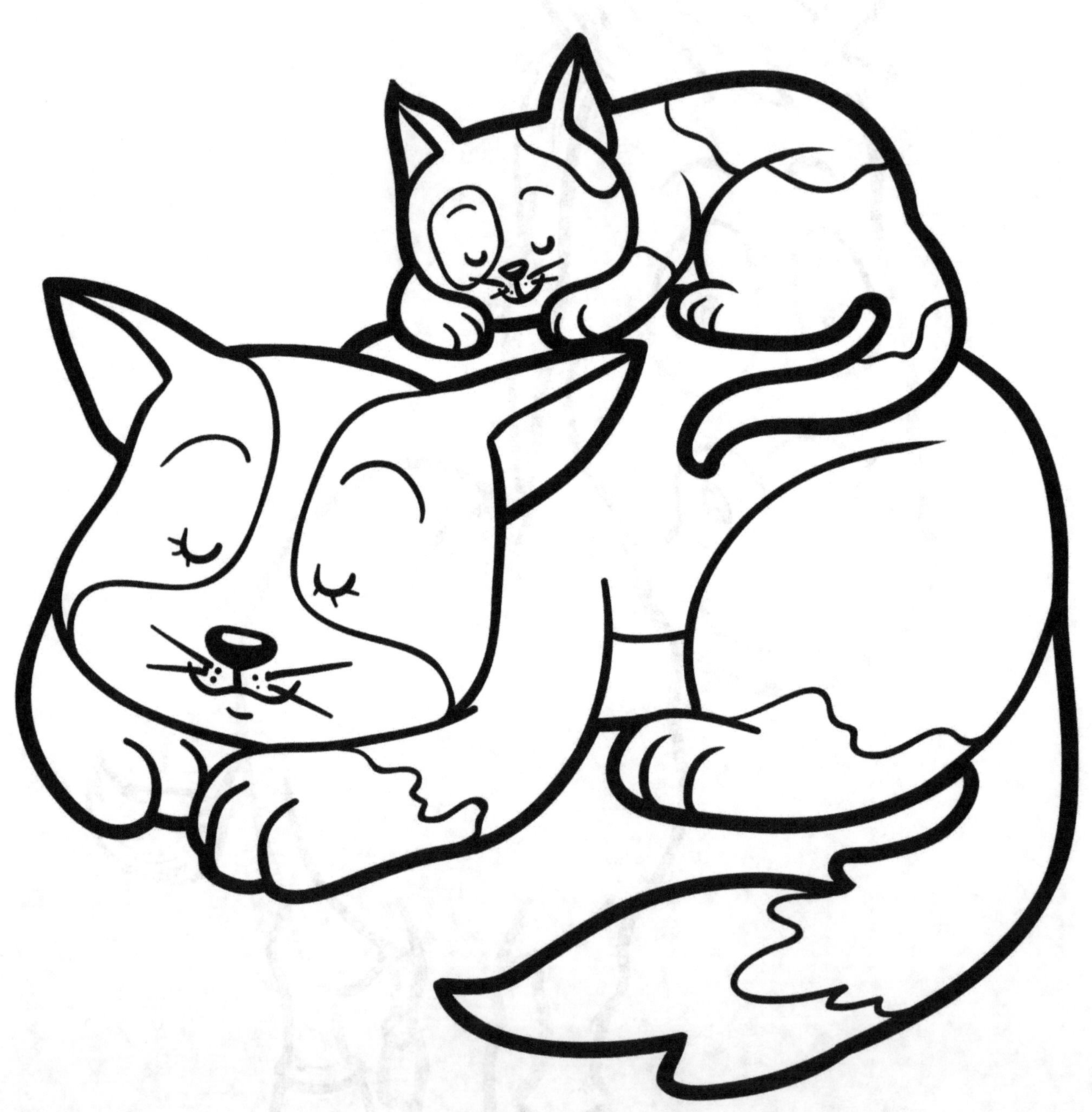

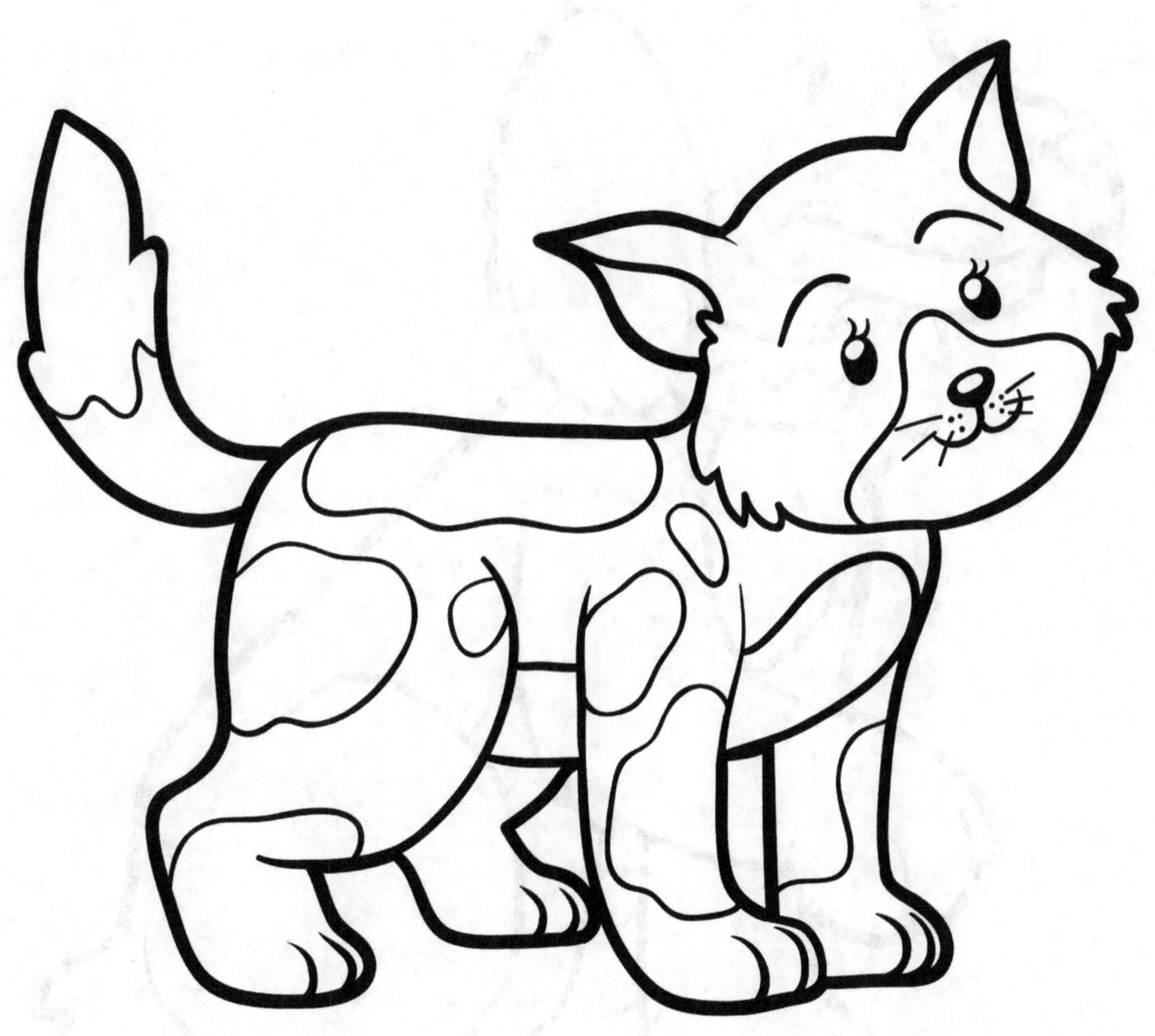

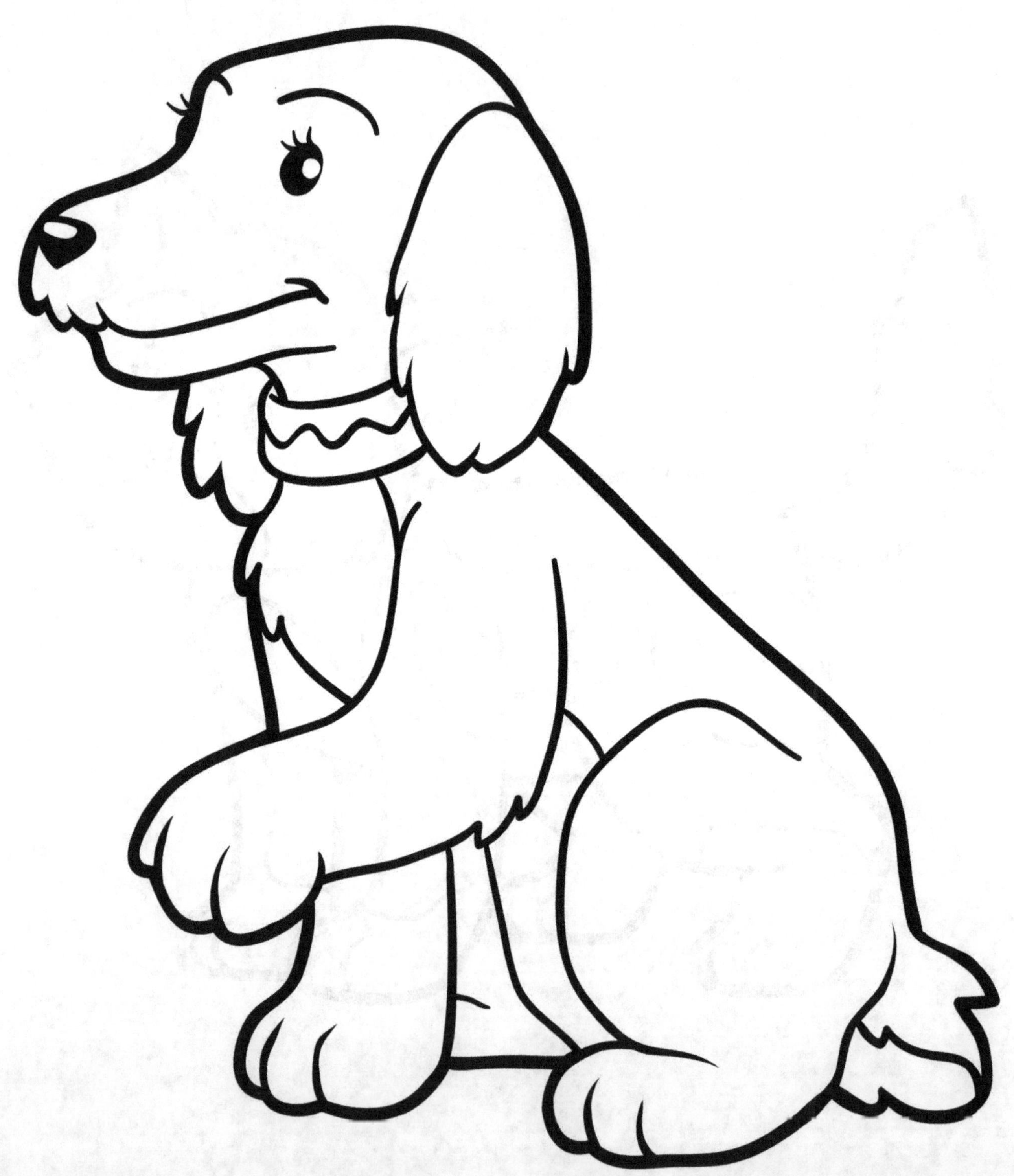

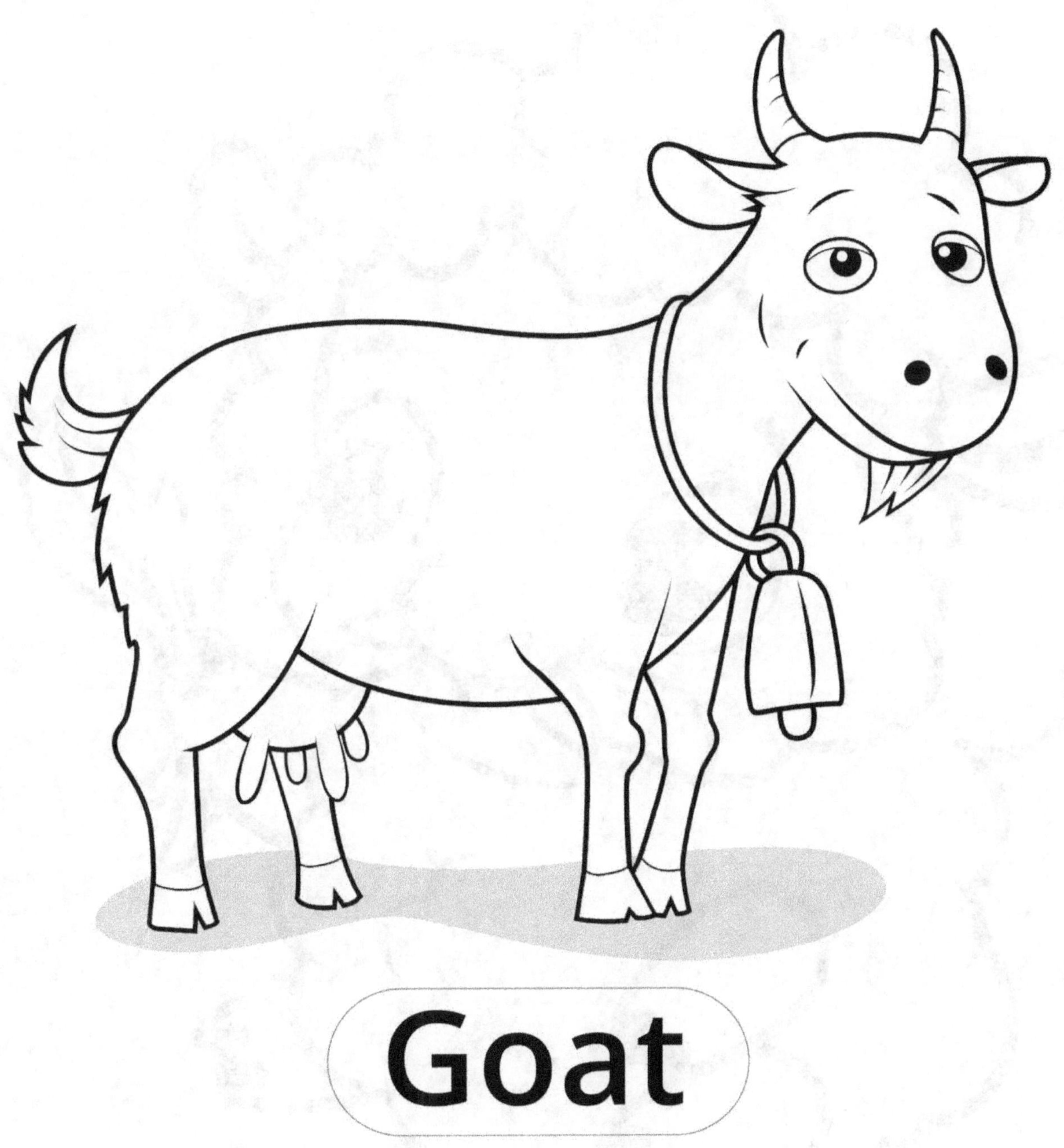

Goat

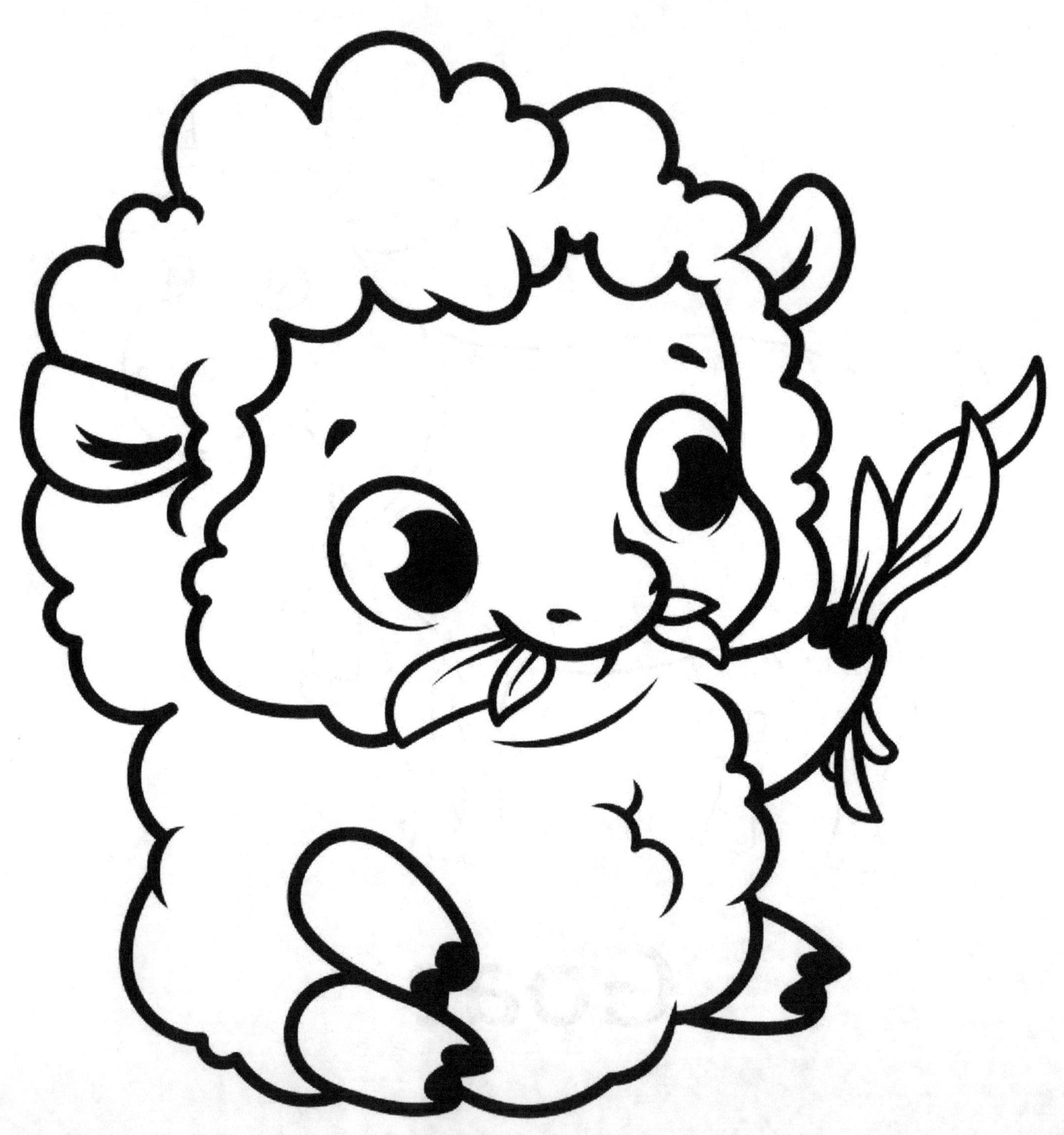